歷史群像

英雄輩出的年代

徐楓 牛貫杰 主編

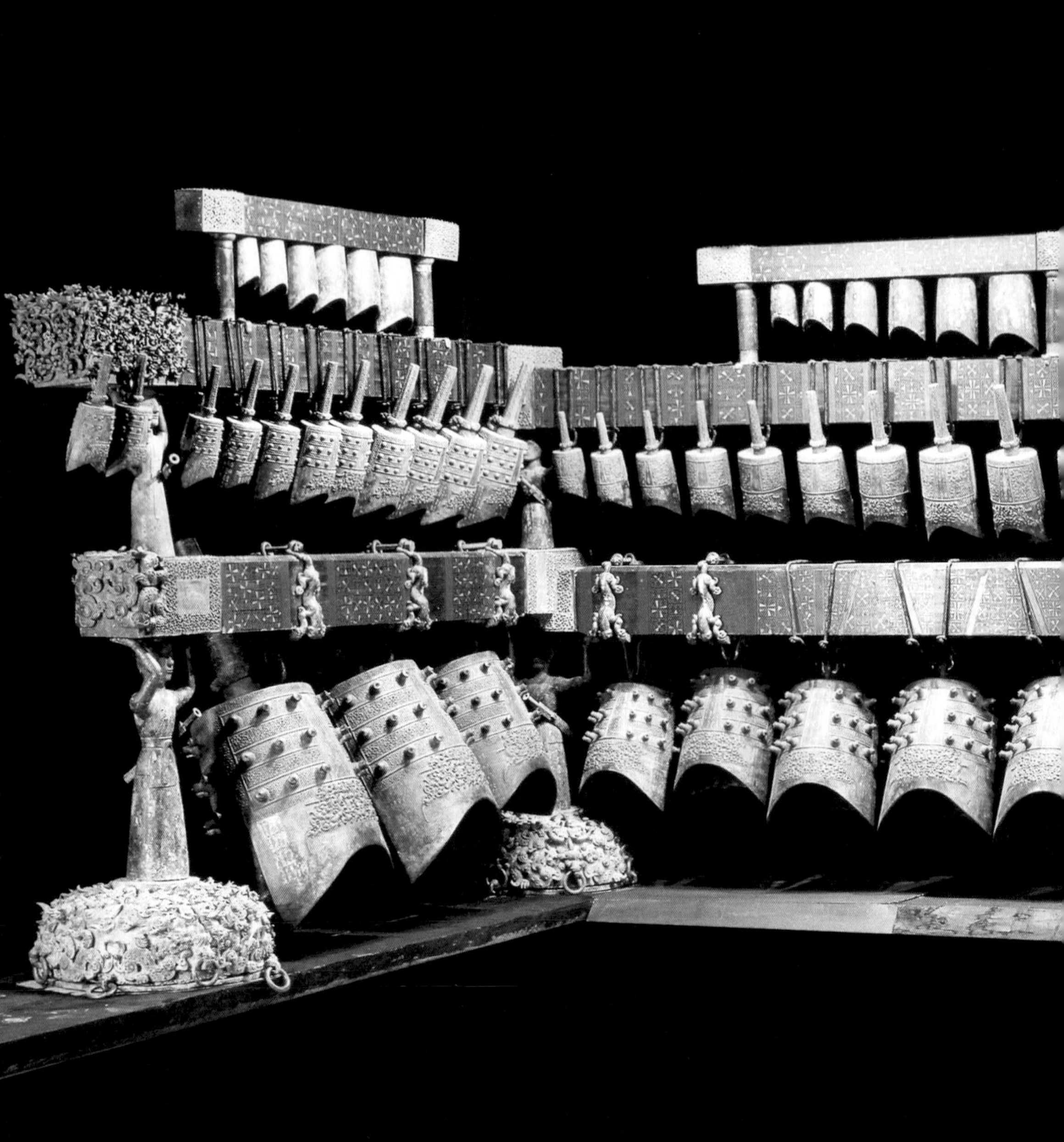

東周是中國古代社會的巨變時期，政治局面錯綜複雜，社會經濟急劇變化，爭霸戰火頻仍，學術文化異彩紛呈。這個時期分

第一章 從春秋五霸到戰國七雄

為兩個階段，即春秋和戰國。西元前七七〇年周平王把都城從鎬京（今西安西南）遷到雒邑（今河南洛陽），歷史進入春秋時期。原來至高無上的周王室走向衰微，各個諸侯國加強軍備，圖謀霸權，出現所謂的「春秋五霸」。西元前四七五年至前二二一年為戰國時期，十餘個諸侯國中齊、楚、燕、韓、趙、魏、秦戰事不斷，七雄逐鹿。最終秦王嬴政兼併六國，結束戰國紛爭的割據形勢。

1、春秋五霸

關中地區本來是周王朝政權中心，沃野千里，富庶充裕，但到西周末年，由於受到戰爭、災荒和政治鬥爭的破壞，建都於此的周王室的勢力也因此遭到嚴重削弱，遷都已勢在必行，於是周平王依靠晉、鄭兩國諸侯的幫助，東遷雒邑（今河南洛陽）。周東遷後，佔據今陝西東部和河南中部地區。但這些領土逐漸被秦、虢等國吞沒，後來所能控製的範圍僅限於雒邑周圍，周已失去號令諸侯的權力，各地諸侯也不再定期向周天子述職和納貢，王室收入銳減，反過

春秋時期形勢圖

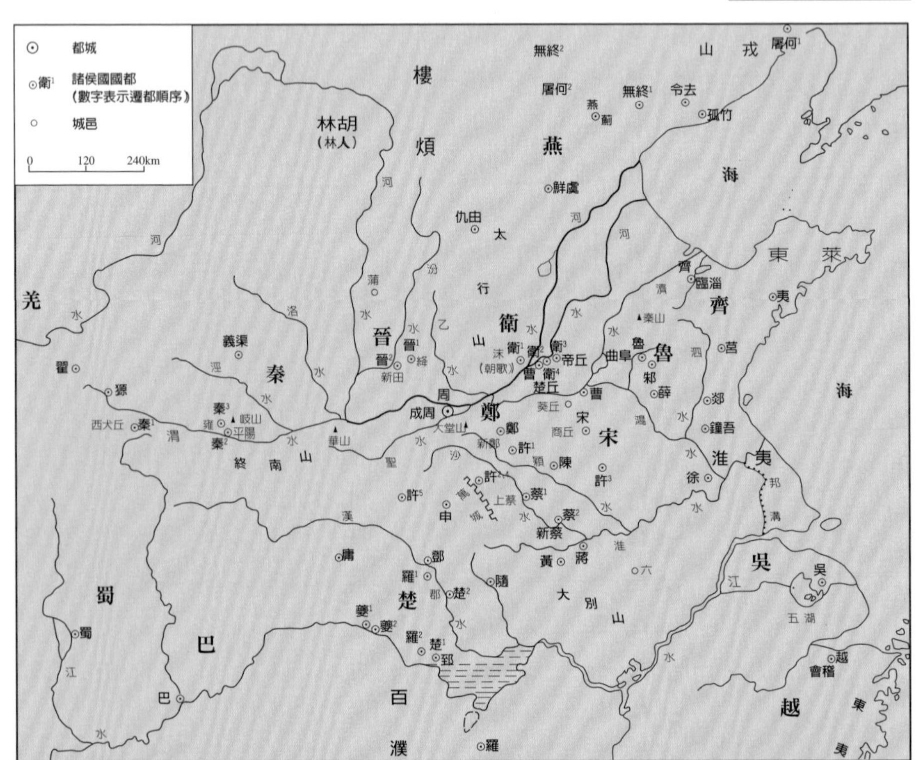

來周王室經常向諸侯求助財物，昔日的王者尊嚴和威望蕩然無存，與普通小國無異。西元前七〇七年，周桓公興師伐鄭，結果被打得慘敗，鄭莊公用箭射傷周王肩膀，從此周王再不敢用武力製約諸侯。西周時「禮樂征伐自天子出」的局面爲「禮樂征伐自諸侯出」所取代，全國處於分裂割據的狀態。

由於周王室的衰弱，四方諸侯各自爲政，未能形成統治的政治核心，各諸侯國勢必會展開軍事競爭，以各種形式奪取霸主的地位。因此可以說，強國爭霸是春秋時期特定歷史條件下的產物。

「霸主」是指當時諸侯中的主宰力量。「春秋五霸」就是五位取代周天子向其他諸侯發號施令的君主。雖然許多人習慣於說「春秋五霸」，但事實上，春秋數百年間追求並達到霸主地位的君主又何止五位，像齊桓公等人只是其中最著名的幾個代表而已。並且由於論者取合標準的差別，「春秋五霸」所指的是哪五位國君也有不盡相同的說法。趙岐注《孟子·告子下》以齊桓公、晉文公、秦穆公、宋襄公、楚莊王爲五霸；《荀子·王霸》則以齊桓公、晉文公、楚莊王、吳王闔閭、越王勾踐爲五霸。

齊桓公首霸

齊國地處黃河下游，在今山東省，周武王伐紂滅商後，太公姜尙受封於齊，建國於營丘（今山東昌東東

「王子午」鼎：楚莊王之子、楚國令尹「王子午」墓中所出七件列鼎之中是最大的一件。鼎身為束腰平底狀，口沿攀附著六條龍形怪獸。器腹滿飾半浮雕的夔紋和竊曲紋。此鼎出土時還附有一銅勺。內腹與蓋有銘文八十五字，大意為「楚康王某年元月初丁亥日，王子午自鑄銅鼎，以祭先祖文王，……望子孫後代以此為準則。」

南），後來遷都到臨淄（今山東臨淄）。早年齊國「少五穀而人民寡」，從太公開始齊國重視發展漁鹽工商，使得齊地「人物輻湊」。至春秋初年，齊國已經成爲最強大的諸侯國，傲然屹立於崤山以東。

西元前六八五年齊桓公（前六八五～前六四三年在位）即位，任用管仲進行改革。管仲（？～前六四五年），名夷吾。他先前輔佐公子糾，桓公與公子糾爭奪王位時，管仲曾用箭射傷桓公，桓公取得君位後，不計前嫌，慨然拜管仲爲相，執掌國政。管仲政治上推行國、野分治的「參其國而伍其鄙」的製度，即由君主、二世卿分管齊國，國中設立各級軍事組織，規定士農工商各行其業、各居其所；經濟上採取「無奪其時」、「相地衰徵」等許多有利於農業和手工業生產的措施，使齊迅速國富兵強，從而爲以後開創霸業積聚起雄厚的經濟和軍事力量，歷史也由此揭開春秋五霸爭雄的壯闊慘烈的畫卷。

爲配合稱霸的需要，管仲根據當時的形勢提出「尊王攘夷」的口號。「尊王」就是安定周王室，維護正統；「攘夷」就是北阻戎狄、南卻強楚，保衛中原較弱的諸侯國。首先，周王室雖日益衰微，但周朝長期的統治使各地諸侯形成周天子是「天下共主」的傳統思想，周王室仍具有

龍耳方壺：方口，頸長，腹部鼓起。壺側有一對龍形耳，壺底俯臥兩獸來承載整個壺體。壺蓋飾有鏤空的夔龍紋，頸部和足部飾有蟠虺紋和雲雷紋。整個壺形造型奇特，製作精良，是青銅器中的精品。

相當的政治號召力，驟然取而代之，必然樹敵過多。其次，當時被稱爲蠻、夷、戎、狄的周邊少數民族，乘著中原諸侯紛爭的局面，經常向某些較弱諸侯國發動進攻，哪個諸侯國能製止少數民族的進攻，就能受到擁戴，便自然地成爲霸主。所以舉起「尊王攘夷」的旗幟，既可以減少爭霸的阻力，又能夠增加爭霸的政治資本。

西元前六六四年，北方的山戎進攻燕國，燕莊公向齊國求救，齊桓公親自率軍北征，擊敗山戎，解救燕國。桓公回國時，燕莊公熱情相送，不覺中進入齊國境內。桓公察覺後，就以周王關於諸侯相送不能出國境的規定，就地劃溝，將溝北的土地送給燕國，燕莊公感動得熱淚盈眶，迅速加入以齊爲首的政治集團。西元前六六一年，北狄進攻邢國（今河北邢臺），齊恒公糾集齊、宋、曹三國軍隊救邢。次年，北狄又攻破衛國（今河南淇縣），衛僅剩遺民五千

「齊侯」鑒：高四十六．五公分。此器敞口，頸微凹，鼓腹，矮圈足底，側附四獸形耳，曲頸卷尾，甚為精緻，下墜飾環。器身有流行於春秋時期典型的鱗紋紋飾。

玉璧：黃玉質，璧面有蝕痕，飾誇張的鳳鳥紋飾，四隻鳳鳥纏繞在一起。此種紋飾的玉璧較少見。

餘人。然後，北狄於西元前六五九年再舉攻破邢國。齊桓公「救邢存衛」，遷邢於夷儀（今山東聊城），遷衛於楚丘（今河南滑縣），史稱「邢遷如歸」、「衛國忘亡」。齊桓公因而名聲大振，各諸侯國雲集回應，競相歸附，與齊結盟。

齊桓公崛起後，原本附屬楚國的許多諸侯國都轉向齊，這使楚國頗為氣惱，於是連年進攻鄭國，作為報復。西元前六五六年，齊桓公率魯、宋、陳、衛等國軍隊擊潰追隨楚的蔡國，遂進而伐楚，指責楚國不向周王室納貢，迫使楚國承認錯誤。最後兩國於召陵（今河南郾城）會盟。這次討伐，齊雖未勝，但使楚的北進計畫受到阻撓。

西元前六五一年，齊桓公召集諸侯在葵丘（今河南蘭考）會盟，周王室派代表參加，對齊桓公極力表彰，這標誌著齊桓公的霸業達到頂峰。齊桓公在位期間多次召集諸侯會盟，先後滅掉三十多個小國，成為春秋時期的第一位霸主。

晉文公的霸業

晉是周成王弟唐叔虞的封國，叔虞子燮改國號為晉，建都於翼（今山西翼城）。《左傳》說：「晉居深山，戎狄之與鄰」，由於晉國是「表裡山河」，雖有易守難攻的優勢，但對晉和中原的交往不利。春秋初年的晉國，實力較弱，其疆域僅包括今晉南和汾、澮地區。

至獻公時，晉國發展成爲北方的強國，開始與中原諸侯會盟，已經初步積累起向外爭霸的潛在能力。

春秋爭霸中，真正接替齊桓公霸主地位的是晉文公。晉文公名重耳（前六三六～前六二八年在位）素有賢名，曾因內亂而在外流亡十九年，先後流落齊、宋和楚地，備嘗艱難險阻，最後與秦結好，登上君位，時年已六十二歲。他重用趙衰、狐偃等人，改革政治，發展經濟，整軍經武，取信於民，安定王室，爲稱霸打下堅實的基礎。

卷雲紋填漆鼎：鼎蓋上有三個環鈕，放置蓋時可用來做蓋足。鼎通身飾有卷雲紋。此器形體完整，紋飾細密華麗，是青銅禮器中的精品。

文公稱霸主要是由兩件事奠定的。一是「勤王」，文公即位初年，周王室發生內亂，周襄王被其庶弟王子帶趕出都城，流亡逃難。次年，文公出兵平亂，護送襄王歸國。通過這次興兵勤王，晉文公除得到四座城池作爲賞賜外，還有助於提升晉在中原諸侯中的威望。

二是「城濮之戰」。西元前六三三年，楚圍攻宋國，宋向晉告急。晉文公率軍救宋。晉軍爲避開楚軍的鋒芒，未開戰前，主動「退避三舍」（古製三十里爲一舍）。最後晉聯合秦、齊、宋，出兵車七百乘，在城濮（今山東菏澤市鄄城縣）重創楚軍。

「單」盤：盥洗器。盤口為敞口，淺腹，圈足，足下有四個平臥的獸托起盤底。腹部飾有竊曲紋，足部飾有垂鱗紋。盤內底有銘文藝工作者十九字，標明器主為「單」。

戰後，晉文公會諸侯於踐土（今河南原陽縣西南），與會的有魯、齊、宋、蔡、鄭、衛、莒等國，盟約規定：「皆獎王室，無相害也。」周襄王也被招來參加，並冊命晉文公爲「侯伯

（霸）」。晉國正式成為中原的新任霸主。

孟子說《春秋》是「其事則齊桓、晉文」。但桓公死後，齊國霸主地位緊隨著就宣告結束，而晉文公和他的後繼者將晉國的霸業時斷時續的維持到春秋末期，所謂「晉國，天下莫強焉」。

秦穆公霸西戎

秦本嬴姓，原是東方部落，周初遷到今甘肅天水附近。直到東周時秦才被周王室認可為諸侯國，原因是秦襄王護送平王東遷有功。秦原來居於今隴東，後佔據岐西，德公始遷至雍（今陝西鳳翔），到穆公時逐漸強大，開始向晉文公的霸業提出挑戰，展開爭霸活動。

秦晉通過聯姻，關係密切，但因兩國接壤也常有矛盾。晉文公死後，秦穆公乘晉喪而派兵東向襲鄭，但被商人弦高所騙，誤以為鄭有備而

退回，行經崤（今河南澠池、洛寧）遭晉伏擊，全軍覆沒，主帥孟明視、西乞術、白乙丙被俘。其後數年間，秦晉時有戰事，由於實力不如晉，秦屢與晉戰，都難以占到便宜。同時，

晉文公復國圖：此圖為南宋李唐所繪，依據故事情節將圖分為六節，運用連環畫的形式描繪了晉文公重耳的流亡生活過程。在圖卷的每一節都有宋高宗手書的《左傳》的相關章節。

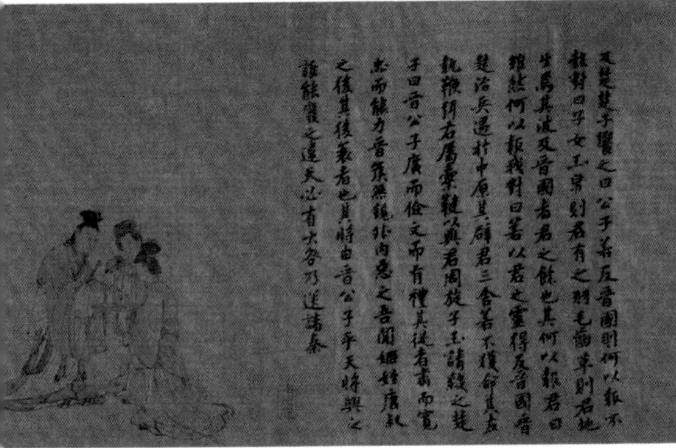

函谷關：函谷關坐落在河南靈寶市北十五公里的坡頭鄉王垜村。由於關城建在山谷中，而山谷深險如函，故名函谷關。函谷關有三處，其中以秦函谷關名聲最大，歷史、文化、軍事價值最高，人們常說的函谷關就是秦函谷關。它是中國建造最早的雄關要塞。

晉國佔領著秦國東進要塞——桃林塞，即後來的函谷關，於是秦穆公轉而向西，吞併戎狄部族，壯大實力。史稱穆公「兼國十二，開地千里」，稱霸西戎。

當然，秦穆公並未真正成爲春秋時期的霸主，他的霸主效力僅限於西戎地區。與東方各國相比，秦國社會要落後和野蠻得多，秦穆公死時就用一百七十七人爲他殉葬，就連號稱子車氏「三良」的奄息、仲行和鍼虎都在殉葬之列。終春秋世，穆公以後至商鞅變法前的秦國再沒有在政治舞臺上有過尚佳的表現。

楚屈子銅簠及銘文：此器出土時僅存器身。口為長方形，下為矩形的圈足。口沿部位分別相對地鑄有六個獸首的銜扣。整個器體飾有繁密的蟠虺紋。內底部刻有銘文三十一字，記載此器是楚公族屈氏為其女出嫁而鑄的。

楚莊王問鼎中原

春秋時期，楚始終是南中國最強大和發達的國家。楚是江、漢流域的蠻族國家，傳說是帝顓頊高陽的後裔，西周時主要活動在丹陽（今湖北秭歸）地區，西元前六八九年，始建都於郢（今湖北江陵紀南城），後來經過半個世紀的發展，逐漸強盛起來。

西元前六三八年宋襄公伐鄭。當時鄭為楚的僕從國，楚出兵救鄭與宋軍戰於泓水（今河南柘城縣北）。宋軍本可以乘楚軍渡河和陣列混亂的時候擊敗楚軍，但宋襄公不知亂世尚力，拘泥「古道」，硬是要楚軍渡過河擺好陣勢後才開戰，結果貽誤戰機，宋軍慘敗，宋襄公愚昧迂腐的「仁義」爭霸成為千古笑柄。可見，這時的楚國已能與北方的強國相抗衡。

到楚莊王（前六一三～前五九一年在位）時，任用孫叔敖為宰相，整飭內政，興修水利，國勢尤為強盛，開始北進稱霸。西元前六〇六年，楚莊王率軍攻打陸渾戎，至伊洛地帶，觀兵於周疆，周定王被迫派人前去慰勞，莊王竟詢問起象徵王權的九鼎的大小輕重，儼然有滅周的野心和架勢。從中也可以看出，齊桓、晉文「尊王」和「勤王」的旗幟已經倒下，取代它的將是弱肉強食的法則和名正言順的殺伐。

信父盤：春秋時期，楚人發動的兼併戰爭，主要在楚武王至文王期間以及楚莊王時期。前期掃蕩了漢水東邊一帶的小國，打通了由江漢平原北進中原的通道；後期沿江淮流域向東擴張，獲得了與北方齊、晉、秦等國爭霸的條件。這盤上的銘文表明，此器可能是息國的銅器。息國是位於楚國東北的姬姓國家，是楚文王時代首批被兼併的國家之一。

西元前五九八年，楚圍攻鄭，晉出兵救鄭。次年，晉、楚軍戰於邲（今河南滎陽北），結果晉軍慘敗，狼狽逃走。楚莊王飲馬黃河，雄視北方。西元前五九四年，楚圍宋，宋向晉告急，晉畏楚而不敢出兵。從此，中原各國背晉向楚，楚莊王成為中原的霸主。《韓非子・有度》曰：「荊莊王並國二十六，開地三千里。」（荊即楚）《國語・楚語上》稱楚國「撫征南海，訓及諸夏，其寵大矣。」

彩漆方壺：木胎。由兩半邊分別製作後粘合成型。內髹朱漆，外髹黑漆，並以朱、褐漆繪花紋。器底和蓋內皆有針刻符號。

弭兵之盟

在楚國勢力大增、晉國中衰的時候，周邊少數民族赤狄乘機侵犯晉國。西元前五九四年，赤狄潞氏發生內亂，晉乘機打敗赤狄，消滅潞氏。西元前五八八年，晉國把赤狄其他各部也完全消滅，赤狄至此滅亡。原來逐漸衰弱的晉國在與赤狄的戰爭中又逐漸強盛，對稱霸的楚國造成了威脅，因此，雙方在此後的半個多世紀一直爭鬥不休，爆發了多次戰爭。

晉、楚之間長期征戰，兩國都想通過戰爭打敗對方，稱霸群雄。但是雙方勢均力敵，短期內誰也沒辦法消滅誰，反而使雙方的力量受到削弱。於是，雙方逐漸有了和解之意。介於晉、楚兩大國之間的宋國大夫華元，既與晉國執政卿欒武子有交情，又和楚國令尹子重交好。在他的積極奔走斡旋下，終於促成了晉、楚首次弭兵之會。西元前五七九年，晉國士燮與楚公子罷、許偃在宋國的西門外相見，並訂立盟約。盟約說：「凡晉、楚無相加戎，好惡同之，同序菑危，備救凶患。若有害楚，則晉伐之；在晉，楚亦如之。交贄往來，道路無壅；謀其不協，而討不庭。有渝此盟，明神殛之，俾隊其師，無克胙國。」（《左傳》成公十二年）盟約內容表示了晉、楚雙方互不武力相加、共同對敵、互相交通、協商討伐背叛者的願望。兩國結盟後，鄭成公到晉國接受合約，晉、魯、衛等國在瑣澤（今河北涉縣）相會，申明晉楚的和好。這就是晉、楚第一次弭兵之盟。

但是，晉、楚第一次弭兵之盟非常不穩定。兩國都有稱霸之心，合約只是在不得已的情況下的暫時休整之策，一旦形勢好轉，就會撕毀盟約，再次發兵。果然，雙方的和平局面很快就被打破。三年之後，也就是西元前五七六年，楚共王打算向北方出兵，楚國大夫子囊說：「新與晉盟而背之，無乃不可乎？」司馬子反說：「敵利則進，何盟之有？」（《左傳》成公十五年）結果，楚共王聽從了子反的話，率兵北進，攻打鄭國。晉國看到楚國背棄盟約，也以此為藉口，趁機邀集齊、宋、衛、鄭各國大夫和吳國會盟，共同對付楚國。這就是鄢陵之戰，最後以楚國的失敗告終。

晉、楚之間的征戰不僅使兩國受到削弱，更使齊、秦、鄭等中小國家受到牽連，連年征戰，痛苦不堪。在這樣的情況下，各國統治者都想再一次弭兵。這時，正好宋國的執政向戌與晉國的執政趙武、楚國的令尹屈建都很友好，而向戌想藉消除諸侯之間的戰爭來提高自己的聲望，於是積極促成第二次弭兵之盟。西元前五四六年，晉、楚、齊、秦、魯、衛、鄭、宋、陳、蔡、許、邾、滕等十四國在宋國的西門之外結盟。盟約決定以晉、楚兩大國為盟主，除齊、秦不作為從屬國看待外，其他從屬於晉、楚的國家要互朝晉、楚，承擔兩國給予的義務。

太后匜鼎：戰國一九三三年壽縣朱家集楚王墓出土，安徽博物院藏。

弭兵之盟的成功，結束了晉、楚長達半個多世紀的對峙局面，使其在以後的四十多年間沒有發生過大的軍事衝突。而介於兩大國之間的中原各國，戰爭也大爲減少，有了一個相對安寧的環境，這對促進經濟的發展起了巨大作用。但是，弭兵是在犧牲小國利益之下達到的暫時和平，小國必須盡其土實、重其幣帛，對晉、楚承擔繁重賦稅。弭兵之盟後，許多國家陷入內部爭鬥，無力對外征戰，爭霸的戰場轉到南方。

「晉侯㸚馬」青銅壺：西周(約西元前十一世紀～前七七一年)一九九四年山西曲沃晉侯墓地九十二號墓出土，山西省考古研究所藏。

隨著晉的中衰，齊國逐漸疏遠晉，並時常對魯、衛用兵。西元前五八九年，魯、衛向晉國求兵，晉出兵與齊軍戰於章（今山東濟南西），齊師敗績，晉國重新增強在諸侯國中的霸主地位。這以後晉、楚兩強基本處於相持狀態。到西元前五七六年，楚攻鄭、衛，次年晉以鄭附於楚爲藉口而伐鄭。鄭向楚求援，楚恭王率軍救鄭，晉、楚兩軍在鄢陵展開戰鬥，結果楚軍敗退。西元前五七一年，晉悼公在虎牢（今河南汜水）築城逼鄭，使鄭背楚向晉。這時晉的勢力略勝於楚，悼公復霸成功，但晉也已開始走下坡路，中原爭霸接近尾聲。

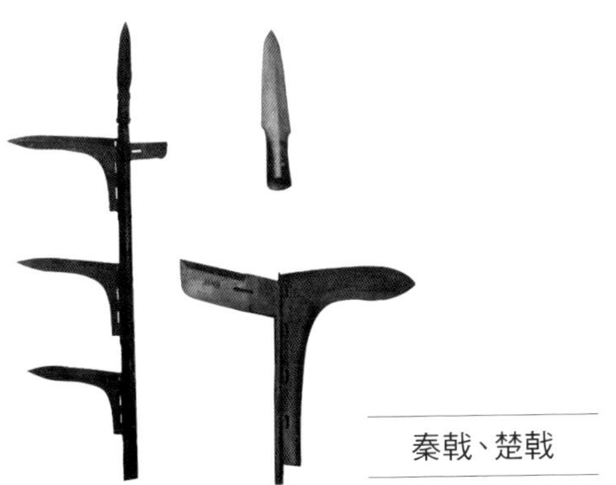

秦戟、楚戟

吳、越爭霸

吳、越地處長江下游的江浙地區，春秋初期和中原地區交往較少。當中原諸侯爭霸接近尾聲時，兩國逐漸發展，開始複製中原諸侯爭霸的歷史鏡頭。

西元前五一四年，闔閭登上吳國王位，重用逃亡到吳國的原楚國貴族伍員（即伍子胥）和齊國的孫武，改革內政，立城郭，設守備，實倉廩，治兵庫，擴充軍隊，加強戰備，製定「西破強楚，北威齊晉，南服越人」的戰略方針。楚國為聯合越國挾製吳國，積極扶植越王允常。西元前五一〇年，吳國進攻越國，兩國也就此展開長期的爭霸拉鋸戰。

西元前五〇六年，闔閭率軍攻進楚都郢。次年春天，允常乘吳國內空虛，出兵襲擊吳都姑蘇，闔閭急忙抽兵回救，迫使允常撤兵。西元前四九六年，

銅神獸：此銅獸出土時共有兩件，這是其中的一件。此獸的主體為龍首、虎頸、虎身、虎尾、龜足。龍為張口吐舌，兩頰各有一朵蒂狀花。龍首上又附著六條龍，形成龍角。虎身上有一方座，座上有一神獸，同為龍首、虎身，口中還銜有一條吐著舌的龍。神獸全身飾有動物紋和雲紋，通體鑲嵌綠松石。此神獸風格獨特，形象詭譎，製作精美，在青銅器中實屬罕見之物，從中我們也可以看出當時在鑄造技術、鑲嵌藝術上都達到了很高的水準。

允常病死，吳王遂乘勾踐新立的機會，揮師南進伐越，越王勾踐率兵迎戰，吳師敗績。越大夫靈姑浮戈擊闔閭，闔閭傷重不治而亡。子夫差即位後每天命人提醒他：「你是否忘記了越王殺你父親的仇恨？」

西元前四九四年，吳王夫差興兵敗越，佔領越都，勾踐同意范蠡提出屈辱求全的建議，表示願意臣服吳國，並用珍寶美女賄賂吳太宰伯嚭，要他從中斡旋。睿智的伍子胥看出越國君臣卑辭厚禮背後所隱藏的滅吳野心，堅決主張徹底滅越，但夫差急於北上同齊爭霸，認爲越國已不足爲患，便答應越國議和，率軍回國。孰不知放虎歸山，實爲不智！

勾踐帶著范蠡等人給夫差當奴僕，忍辱含垢，歷盡艱辛，勾踐親自爲夫差牽馬，終於騙得夫差的信任。三年後被釋放回國。勾踐歸國後，知恥而後勇，「身自耕作，夫人自織，食不加肉，衣不重采，折節下賢人，厚遇賓客，振貧吊死，與百姓同其勞」，選賢納諫，改革內政，發展生產，訓練軍隊，推行「結齊、親楚、附晉、厚吳」的方針，向夫差進獻美女西施、鄭旦，同時用重金收買吳

「吳王光」青銅鑑：春秋時期吳國，一九九五年安徽壽縣蔡侯墓出土。

臣。勾踐臥薪嚐膽，十年生聚，積累下滅吳的實力。

西元前四八二年夫差自率精兵三萬空國遠征，北上會盟爭霸，只剩下老弱病殘一萬人留守姑蘇，勾踐趁機揮師進入姑蘇。這時夫差正在黃池與晉定公爭當霸主，聽說越軍襲擊姑蘇，惟恐影響爭霸，連殺七名來報告軍情的使者以封鎖這個不利消息，勉強當上霸主，然後急忙回國向越求和。西元前四七三年，勾踐大舉伐吳，圍困姑蘇時達三年，夫差企圖仿效勾踐當年的故技，卑辭求和，然勾踐卻非二十年前的夫差，沒有重蹈夫差的覆轍。爲免縱敵貽患，他斷然拒絕夫差的請求，夫差絕望自殺，吳國滅亡。夫差的悲劇並未給後世的梟雄以足夠的警戒，相似的歷史在兩個半世紀後再次發生，當然那時主角已變爲西楚霸王項羽。越挾滅吳的餘威，渡淮北上，與諸侯會盟，成爲春秋的末霸。

《孟子‧盡心下》說「春秋無義戰」。的確，據史書記載，春秋近三百年的時間內，被滅掉的諸侯國

彩繪動物紋漆俎：木胎。俎面與四足為榫卯結構。俎面髹朱漆，餘皆髹黑漆，並用朱漆繪十二組二十四隻瑞獸和八隻珍禽。

達五十多個，戰事近五百起，諸侯的朝聘和盟會四五〇餘次，諸侯爭霸使得整個國家兵連禍接，給百姓的生產生活帶來深重的災難，也引起眾多弱國的厭倦。從這個意義上說，「春秋無義戰」是有道理的。但同時也應該看到，這些戰爭客觀上有利於促進各地區社會經濟的發展和不同族屬間的接觸與融合，對統一的多民族國家的形成起到重要的推動作用。歷史就是經常有這樣的戰爭，它不可避免地要帶來暴行和災難，但仍然具有進步的意義。

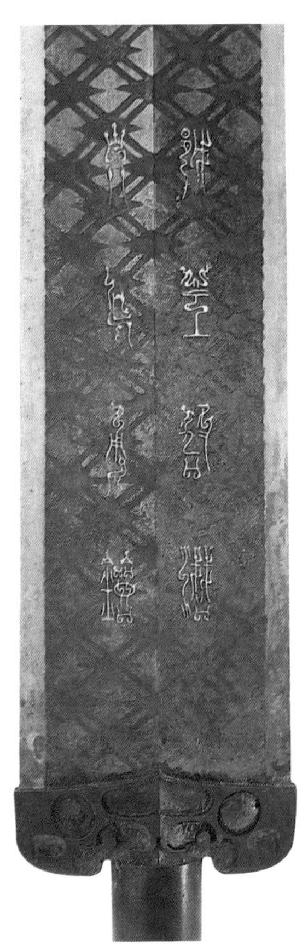

越王勾踐劍及銘文：手柄為圓形中空。劍身飾有菱形的暗紋。劍格的正面飾有藍色琉璃，背面用綠松石鑲嵌。在近劍格處的地方，刻有銘文「越王勾踐自作用劍」兩行八個字。此劍雖歷經二千多年，但仍保存完好，劍刃鋒利。

伍子胥畫像鏡：此鏡用四個乳釘紋將紋飾分成四組，吳王夫差端坐在帷幕中，左面是伍子胥仗劍作自刎狀，右面越王執節而立，范蠡席地而坐。

2、戰國七雄

向戌弭兵後，中原地區晉楚兩集團間的戰爭暫時緩和，各諸侯國的經濟得到不同程度的發展，政治形勢也產生相應的變化，各國內部的矛盾日益尖銳突出。最重要的是諸侯國內部卿大夫的勢力逐漸膨脹，部分諸侯王的權力逐漸下移到貴族、大夫的手裏，「禮樂征伐自諸侯出」轉為「禮樂征伐自大夫出」，各國的卿大夫成為實際的掌權者。這些掌握大權的卿大夫進而取代原來的諸侯王，這是主弱臣強經常演繹的歷史結局。

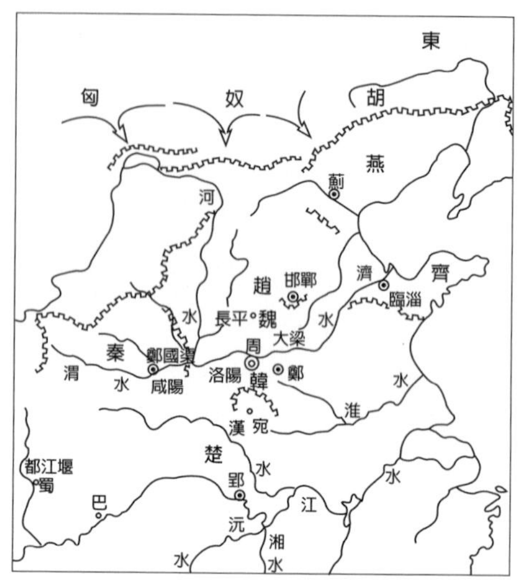

戰國時期形勢圖

玉琮：禮器。青玉質，方形圓孔，琮壁用惜陽線刻卷紋，紋飾線條簡潔，製作清晰，同類器物出土較少，故十分珍貴。

七雄並立局勢的形成

春秋末年，晉國由於內部鬥爭，卿大夫只剩下六家。這六家互相兼併，爭奪財富，壯大勢力，最後僅存韓、魏、趙三氏。西元前四〇三年，周威烈王正式承認三家為諸侯。

到西元前三六八年，三家再將晉君僅有的零星土地瓜分掉，這個西周初年唐叔虞受封的晉國從此消失，史稱「三家分晉」。韓、魏、趙三家原是晉的三家卿大夫，所以統稱三晉。

齊國在春秋早期由國、高、崔、慶四家掌權。到齊莊公時，田氏逐漸得勢。景公時，田氏採

盤角羊頭銅飾件：此飾件為盤角羊，羊的雙角彎曲至兩頰，頭微微昂起，嘴微張，雙目直視前方。頸向後延伸成圓形孔狀，可以用來安裝柄孔。盤角羊是遊牧民族眼中的神羊。這個飾件將盤角羊刻畫得十分生動，從中可以看出遊牧人對其的喜愛。

用小鬥進、大鬥出的方法籠絡民心，招攬民眾。景公死後，田乞爲相，田氏從此專政。西元前三八六年，周安王冊封田和爲齊侯。西元前三七九年，齊康公死，田氏在齊國的統治完全確立。三家分晉和田氏代齊看似統治階級內部的爭權鬥爭，但如果把它放在當時整個歷史環境中觀察，它其實是春秋戰國間新興封建勢力取代舊勢力的縮影。

隨著韓、魏、趙、齊在母國的軀體上建立起來，再加上仍舊活躍著的秦、楚和燕，戰國七雄並立的局勢正式形成。當時的列國形勢是齊在東，楚位南，秦偏西，燕靠東北，韓、魏、趙居中。

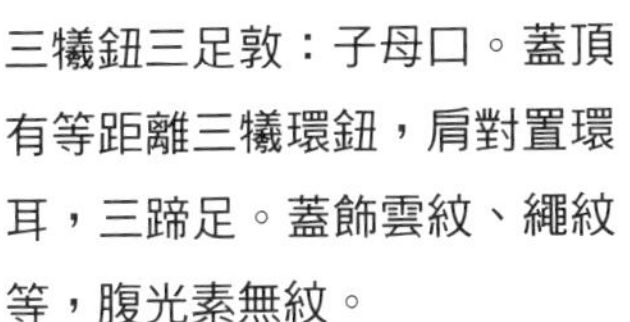

三犧鈕三足敦：子母口。蓋頂有等距離三犧環鈕，肩對置環耳，三蹄足。蓋飾雲紋、繩紋等，腹光素無紋。

各國的變法運動

戰國前期，各國相繼掀起變法活動，來達到鞏固政權、富國強兵的目的。其中較著名的有魏國李悝變法、韓國申不害改革、齊國鄒忌改革、楚國吳起變法和秦國商鞅變法。

三晉是法家的發祥地，戰國時期遍佈各國的變法運動也從這裏拉開序幕。西元前四四五年，魏文侯即位，開啓戰國時期招賢養士的風氣。他任用李悝變法。李悝變法主要是「盡地力之教」，就是最高限度的提高土地的使用效率，內容包括改進生產技術、提高農民的生產積極性等。當然，李悝變法最具影響的是撰成《法經》，這是中國第一部比較繫統的封建成文法典，是春秋以來各國立法的集中體現。《法經》共有盜法、賊法、囚法、捕法、雜法、具法，共六篇，這部曾爲「商君受之以相秦」的法典，是秦漢以來封建立法的濫觴，成爲以後歷朝製定法律的藍本。通過李悝變法，魏國「強匡天下，威行四鄰」，成爲戰國初期最強盛的國家。

魏國開啓各國變法的先河，而秦國的商鞅變法無疑是最爲徹底和成功的典型。春秋時期，儘管秦霸西戎，但與晉、楚相比，秦的政治、經濟、文化要落後得多。秦孝公時，秦國內

戰國秦「商鞅」青銅方升拓片，此器是秦孝公十八年(前三四四年)，商鞅變法時所規定的標準量器。

商鞅方升：量器，斗為長方形，直壁，後有長方形柄。方升外側有銘文三十二字，記載秦孝公十八年(前三四四年)，齊國率領卿大夫來秦訪問，是年冬，大良造鞅以十六寸五分之一寸為一升。從方升銘文記載可知此為商鞅統一秦國度量所規定的一升容積的標準量具。

刺蝟形金飾件：伊盟杭錦旗阿魯柴登出土。出土時共有十二件，每件長四．五公分，都為向前爬行覓食的動作。

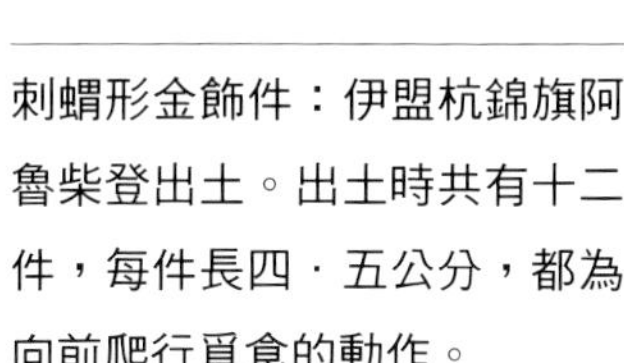

部宗族經常發生械鬥，外部受到楚、魏兩國的侵迫。東方各國都視秦為戎狄，拒絕與秦會盟，面對這種恥辱和難看，好強的孝公甚至作出以半壁江山相謝的承諾，只求有人能夠助他變法圖強。商鞅聞訊後，便匆忙離開故土魏國，趕到秦國，輔佐孝公變法。

西元前三五六年起，商鞅兩次下變法令，變法的內容主要有：「開阡陌封疆」、「廢井田」、「民得買賣」，以法律形式承認土地私有的合法性；廢除「世卿世祿」製度，按軍功大小授予爵位，打破世襲貴族的特權，確定新的等級製度，發展和壯大新興地主階級政治勢力；廢除分封製、建立縣製、編製戶口、「什伍連坐」，實行中央集權，加強對勞動人民的統治；「重農抑商」、獎勵耕織，發展社會經濟；「平斗桶、

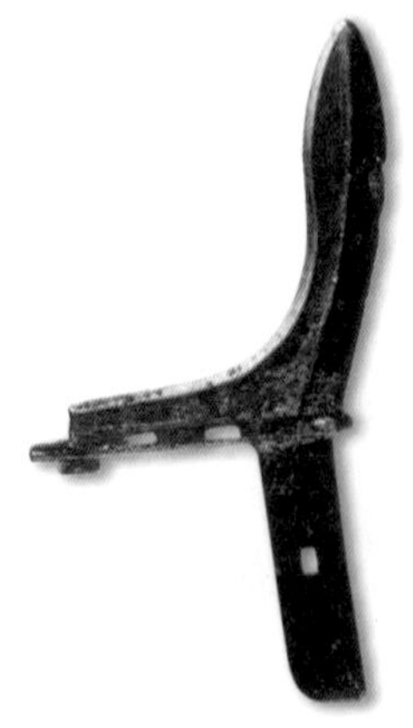

商鞅戟：戟是鉤刺兵器，形似戈，長援向上微彎，上下有刃，中部有脊。此戟上有銘文「十三年大良造鞅之造戟」十字。

權衡、丈尺」頒佈標準度量衡器，方便稅收和交換，加強集權製度；「燔詩書而明法令」，加強思想統治。

秦推行新法十八年，國家日益富強。司馬遷說，商鞅變法後，「秦人富強，天子致胙於孝公，諸侯畢賀」。曾經忍辱負重的孝公因商鞅變法有功，便封他十五邑，號爲商君。商鞅變法帶給秦國的除政權的鞏固和經濟發展外，還有那支虎狼般勇猛和殘忍的軍隊，因爲殺敵立功、斬敵首級就意味著能夠得到獎賞和晉爵，對普通百姓來說，至少也應該可以擺脫貧困。西元前三五四年，秦奪取了魏的少梁（今陝西韓

扛木賞金，取信於民：商鞅變法過程中，「取信於民」的手法雖奇特，倒也奏效，使他日後的變法有了一個良好的開端。

城），西元前三五二年，商鞅率兵攻取安邑（今山西夏縣），西元前三四〇年，商鞅俘虜魏將公子卬而戰勝魏軍。但商鞅的新法令和舊貴族的利益是有牴觸的，西元前三三八年，秦孝公死，子惠文王即位，商鞅被殺，但變法的成果仍沿襲下來，為以後秦統一六國打下堅實的物質基礎。

戰國時期的變法運動注定是要帶上點悲壯的色彩，新事物的誕生都要經歷分娩前的陣痛。其時為變法流血的非止商鞅，和他命運雷同的還有他的魏國同鄉吳起，後者在楚國變法成功後也慘遭舊貴族的殺害。

戰國初年，楚兵弱國窮，曾兩次受到三晉的進攻，後來給秦國送去厚禮，才由秦國出面調停議和。楚悼王面對這種內外交困的局面，任用吳起作令尹，主持變法。當時楚舊貴族勢力猖狂，吳起的改革便先從摧毀限製舊貴族、改變世襲的分封製著手，規定「封君之子孫三世而收爵祿」，將這些舊貴族遷徙到邊遠開發荒地；整頓官場歪風，裁汰無能的官員。楚經吳起變法，逐漸強盛起來。吳起曾「南收揚越，北並陳蔡」、「卻三晉，西伐秦」。但改革僅進行一年，

虎咬牛金飾牌：共出土二件，每件長十二·七公分。飾件為長方形，中間為俯臥的牛，兩側是四隻猛虎分別咬住牛的頸部和腹部，牛頭微昂作掙扎狀，牛角分別刺穿兩頭的虎耳。飾件四周邊框飾有繩紋。

悼王死，舊貴族攻殺吳起於悼王喪所。楚肅王即位，便以傷害悼王屍體的罪名懲治舊貴族，「夷宗死者七十餘家」使楚國舊貴族的勢力受到嚴重削弱。

「秦王掃六合」

從秦孝公到秦王政的一百多年間，秦國力日臻強盛，軍隊組織完善，士卒勇猛，車騎雄盛，軍隊的戰鬥力遠非其他六國可比。同時秦採用

范雎遠交近攻的軍事策略，逐漸蠶食其他六國。史書記載秦國西有巴蜀、漢中之利，北有胡貉、代馬之用，南有巫山、黔中之限，東有崤函之固，地理位置優越，進可攻，退可守。而這時山東六國統治集團內部相互傾軋，爭權奪利，政局混亂。所以，秦國順其自然地承擔起統一中國的歷史重任。

秦國向東發展，首先遇到的就是三晉。西元前三三三～前三二八年，秦接連打敗魏軍，魏被迫割地求和。六國面對強秦的威脅，魏、趙、韓、燕、楚聯合抗秦，稱作「合縱」，結果被秦挫敗。接下來的幾年中，秦多次對三晉展開進攻，都以勝利而告終。西元前三一二年，秦戰勝楚軍，滅掉了蜀，實力更加壯大。到西元前二八〇年，秦將司馬錯、白起打得楚國潰不成軍，佔領楚國大片土地。

戰國晚期，趙國成爲僅次於秦、齊的軍事強國，西元前二六〇年，秦、趙爲爭奪上黨郡（今山西長治市），展開長平（今山西高平）之戰，趙軍大敗。次年，秦軍乘勝進攻趙國都城邯鄲，後來其他幾國出兵相

蟠螭紋提梁銅壺：高五十六公分。容器，其特點是頸較細，腹外鼓，短提梁，圓形矮圈足，提梁與銅壺肩部用銅環相聯，腹底部飾吊環。

伊闕古戰場遺址：西元前二九三年，秦將白起率領秦軍在伊闕殲滅二十四萬韓魏聯軍。

救，才使趙國轉危爲安，但實力已經受到嚴重削弱。

秦從孝公、惠文王開始向東進攻，取得不少勝利，到昭王時，已經基本奠定統一六國的基礎。西元前二三八年，秦王政開始親政，由李斯、尉繚等人從旁謀劃，採取分化瓦解敵國策略，先弱後強、先近後遠逐個消滅六國。

錯銀銅軎：此軎的末端不透空，中部有一圈凸棱。通身飾有錯銀的卷雲紋。轄的頭端是一臥虎，末端有一小孔。

秦先滅韓於西元前二三〇年，俘虜韓王安，接著舉兵攻趙，王翦率兵包圍邯鄲，西元前二二八年，俘虜趙王遷，趙國亡。西元前二二六年，秦以燕太子丹派荊軻刺殺秦王爲藉口，興師伐燕，後俘獲燕王喜，燕國遂滅。

西元前二二五年，秦將王賁攻魏，引河水灌魏都大梁，大梁城壞，魏王投降，魏亡。西元前二二三年，秦將王翦率六十萬人破楚軍，擄獲楚王，次年，秦完全攻佔楚地，楚亡。西元前二二一年，秦從燕地發兵，攻克臨淄，俘虜齊王田建，齊國遂亡。「秦王掃六合，虎視何雄哉」。至此，秦掃滅六國，標誌著統一的多民族國家的初步形成。

3、手工業的重大進步

春秋戰國時期，主要手工業部門，如：冶金業、紡織業、漆器業、陶器業、煮鹽等，都取得了重大進步。

冶金業：冶金手工業主要包括冶鐵和青銅冶煉。這一時期，青銅手工業的冶鑄技術也在突飛猛進的發展，開創了中國青銅器冶鑄業的第二個高峰期。從春秋的遺址和墓葬中陸續出土了數量眾多的青銅器皿，主要包括禮器、兵器、樂器、車馬器、農具、工具、雜器等，涉及當時政治、軍事、生產和日常生活各個方面。這說明青銅器鑄造也仍是當時十分重要的生產部門，對當時的社會生活起著舉足輕重的作用。戰國時代趙國青銅兵器銘文中，常常有「某某執齊」的記載，「執齊」就是掌握銅、錫配合的比例。這說明當時的人們已經認識到銅、錫合金的原理。

叔繁簠：西周末期至春秋初期(前八世紀)北京海淀東北旺出土簠用來盛放已炊熟的穀物，是周代特有的禮器。此簠器身與器蓋遍飾誇張、抽象畫的象首紋，器腹底有銘文「吳王御士尹叔繁作旅簠」。此簠屬長江下游吳國國王大臣「叔繁」所有，用於旅行或出征。此器輾轉到了燕國，並在北京出土。

冶金的另一個成就就是青銅工藝技術的創造。首先表現在「金銀錯」的技術上，這種技術早在春秋中期就已經產生。在楚、越、宋、蔡等南方諸侯國的兵器上，每多有錯金的美術字，筆畫作鳥形，即所謂的「鳥書」。到了戰國早期，這種技術被應用於銅禮器上。金銀錯技術在戰國中期達到高峰，不僅用於兵器、禮器和用器上，還施用於車器、符節、璽印、銅鏡、帶鉤、鐵帶鉤和漆器的銅扣上。其次是鑲嵌紅銅技術。這種技術就是用紅銅薄片鑲嵌在銅器表面上，構成各種圖案。還有一種就是刻鏤畫像工藝。這種工藝是用鋼刀在較薄的壺、鑒和奩上刻上整幅圖畫，這些圖畫多數是描寫水陸攻戰、車馬狩獵、宴樂、射禮、采桑等活動。

戰國銅器紋飾中的射箭圖

戰國銅器紋飾中的飲酒圖

金鐔金首鐵劍：春秋·晉一九五七年河南陝縣后川出土。

紡織業的興盛：春秋戰國時期的紡織業主要有絲織、痲織和葛織。我國絲織業的歷史非常悠久，《詩經》中提到採桑、桑園的詩就有十多首。如「十畝之間兮，桑者閒閒兮」，這說明桑林的面積很大。由於絲織品產量的提高，各級貴族的衣服以絲綢爲主，出使和祭祀也往往是玉帛並列。當時齊國是絲織業的中心，「故其俗彌侈，織作冰紈綺繡純麗之物，號爲冠帶衣履天下」（《漢書·地理志》）。

鳳鳥花卉紋繡：戰國原物出土於江陵馬山一號楚墓。

春秋戰國時，絲織品主要供統治階級享用，勞動人民衣著主要是麻、葛。麻分爲苧麻、大麻、葛麻幾種。苧麻長於南方，收穫後，必須先在水中浸泡，然後才能剝取纖維，製作麻衣。

葛是一種野生植物，多生於潮濕的河邊與沼澤之處，商周時就已種植。春秋戰國時期，葛的織造更爲普遍，除了製衣外，窮苦百姓還可以用來製鞋。

漆器工藝的提高：漆器早在新石器時代就已出現，商周進一步發展。到了春秋時代，墓葬中漆器實物增多，器具門類眾多，色彩華麗，表明漆器手工業有重大發展。春秋戰國時期的漆器彩繪鮮豔、色彩豐富，繪有幾何紋、雲紋、動植物紋等，繪畫採用單線勾勒加平塗技法。從出土的漆器種類看，多數爲實用器皿，從這可以看出，這時

漆簋：春秋晚期，當陽趙巷四號墓出土，宜昌博物館藏。

雙鐮鐵範：一九五三年河北興隆古洞溝出土。

期的漆器業已經完成了從禮器到實用器具的過渡。

製陶技術的進步：這時期的製陶技術也是有進步的。陶器有紅褐色或灰色而有繩紋，有灰陶素面的，也有紅色彩繪的，更有黑色暗花的，比較精美。這時期「瓦」也已廣泛使用，當時已有筒瓦、板瓦以及脊瓦，瓦當有各種不同的紋飾，同時陶水管和陶井圈也已成為重要建築材料。

煮鹽業的發達：春秋時代，齊國的海鹽煮造業和晉國河東池煮造業都已興盛。到了戰國時期，齊燕兩國的海鹽煮造業更為發達，所謂「齊有渠展之鹽，燕有遼東之煮」（《管子．地數篇》）。海鹽的產量比較多，流通範圍比較廣，所以《禹貢》說青州「貢鹽」，而《周禮．職方氏》又說幽州「其利魚鹽」。同時，在秦併蜀以後，李冰做蜀郡守時，廣都的井鹽已經開始開發。

「公區」陶量：戰國．齊傳山東臨淄出土齊國製定標準量器，有豆、區、釜等量製單位。

車器鐵範：一九五三年河北興隆古洞溝出土。

第二章

走進鐵器時代

春秋戰國時期，「國之所以興者，農戰也」。春秋五霸和戰國七雄無不是興農而富國再強兵而稱雄的，從本質上說，這一時期諸侯國相互兼併混戰的政治現象，正是各國經濟發展不平衡的表現。鐵製工具的使用、牛耕的推廣、水利工程的興修、生產技術的改進和生產者積極性的提高，都使得該時期的社會經濟得到突飛猛進的發展。鐵器的出現和推廣使用成為生產力發生革命性變革的根本標誌。戰國以後，隨著鐵器的逐步普及，農業生產飛躍進步，農業和手工業的分工得到加強，商業日益興盛。同時，生產力的變化引起國家土地製度和剝削方式的變化，新興的個體經營成為主要的生產方式，中國社會步入了鐵器時代。

長方形鐵爐：大口，方唇，折沿，直壁，平底。兩長邊有四個鋪首銜銅環。四蹄形足。是戰國時期最大的鐵器。

1、鐵製工具的使用

考古學將虞、夏至春秋稱作青銅時代，青銅是銅和錫的合金，但由於青銅比較貴重，多用於製造兵器。從出土的文物看，其時的生產仍以木石工具爲主。

據文獻記載，春秋中後期即西元前七~六世紀中國就已出現和使用鑄鐵。最早生產和使用鐵製農具的應該是齊國。《國語・齊語》記載管仲向齊桓公提出以甲兵贖罪時說：「美金以鑄劍戟，試諸狗馬；惡金以鑄鉏、夷、斤、斫，試諸壤土。」美金指的是青銅，惡金就是鐵。上述用鐵鑄造的器物均爲農業和手工業工具。《詩經・秦風・駟鐵》有「駟驖孔阜」的語句，描寫駕車的四匹馬，色黑如鐵，特別肥碩。秦襄公時，以鐵形容馬的顏色，說明鐵已經爲人類所熟悉。據長沙出土的春秋戰國之際的楚鐵鼎，可以看出當時已有了鑄鐵。歐洲直到十三至十四世紀才使用鑄鐵的，晚於中國十九個世紀。

但應該注意的是，春秋時代的鐵製工具出土數量畢竟非常有限，許多遺址發現農業和手工業工具，多爲石、骨、蚌和青銅製造，這表明鐵製工具的使用尙未普及。技術上突破再應用到生產實踐需要較長的過程，春秋時出現的鑄鐵技術到戰國中後期才普遍應用於生產和戰爭。從考古發掘和文獻記載來看，鐵製農具有耒、耜、銚、鋤、鉅、耨、鐮、鑊、犁、耙、畝等，鐵製手工業工具有刀、斧、鑿、鋸、錐、錘等，鐵製兵器有劍、匕首、矛、仗、甲胄等，就連作爲日常裝飾品的帶鉤也有鐵製的。

戰國中期以後，鐵器成爲農業和手工業主要的生產工具。「今鐵官之數曰：一女必有一鍼一刀，若其事立。耕者必有一耒一耜一銚，若其事立。行服連軺輦者必有一斤一鋸一錐一鑿，若其事立。」

由於冶鐵技術的發展，鐵品質的提高，春秋晚期鐵已經開始被用作兵器。戰國晚期鐵兵器擊敗青銅兵器，成爲當時的主要兵器，戰國晚期，許多兵器已逐漸地使用鋼製品。考古工作者曾經在湖南長沙楊家山春秋晚期的墓葬中發掘出銅格「鐵劍」，通過金相檢驗，證明是鋼製的。這是迄今爲止我們見到的中國最早的鋼製實物。它說明從春秋晚期起中國就有煉鋼生

銅綠山古礦井遺址：一九七三年在湖北省大冶市銅綠山礦冶遺址發現了一批紅銅斧和大量的框架支護木，引起了人們的重視。由於露天採礦，一九七四年曾在這裏找到了一個南北長約二公里，東西寬約一公里的古礦井。古礦井附近的煉爐遺存，因被大面積的爐渣掩埋而保存下來。從古礦遺址出土的陶片分析並經碳14測定年代，可知礦井的上限是在商代晚期，一直延續到春秋、戰國和西漢。銅綠山礦井的結構有豎井、平巷、斜井等形式，全部用支護木。早期的支護木框架，僅能容一人爬著進出，後期的較寬，人基本可以直立。豎井是方形框架，是由四根木料用榫頭互相穿接而成。每框之間用木棍支撐，也有將框架層層疊壓的。豎井挖到一定深度，沒有發現品位高的礦脈，就予以放棄。春秋時期礦井中出土有銅斧、銅錛、木槌、船形木斗、木瓢、竹簍、繩索等器具。戰國及稍晚的礦井中則有鐵質的錘、斧、鑽、耙、鋤等工具，另外還有竹筐、藤簍、木鉤以及木轆轤等物品。這些器物主要用於採掘、裝載、提升等工序。下頁為銅綠山古礦井遺址的挖掘現場。

3
5

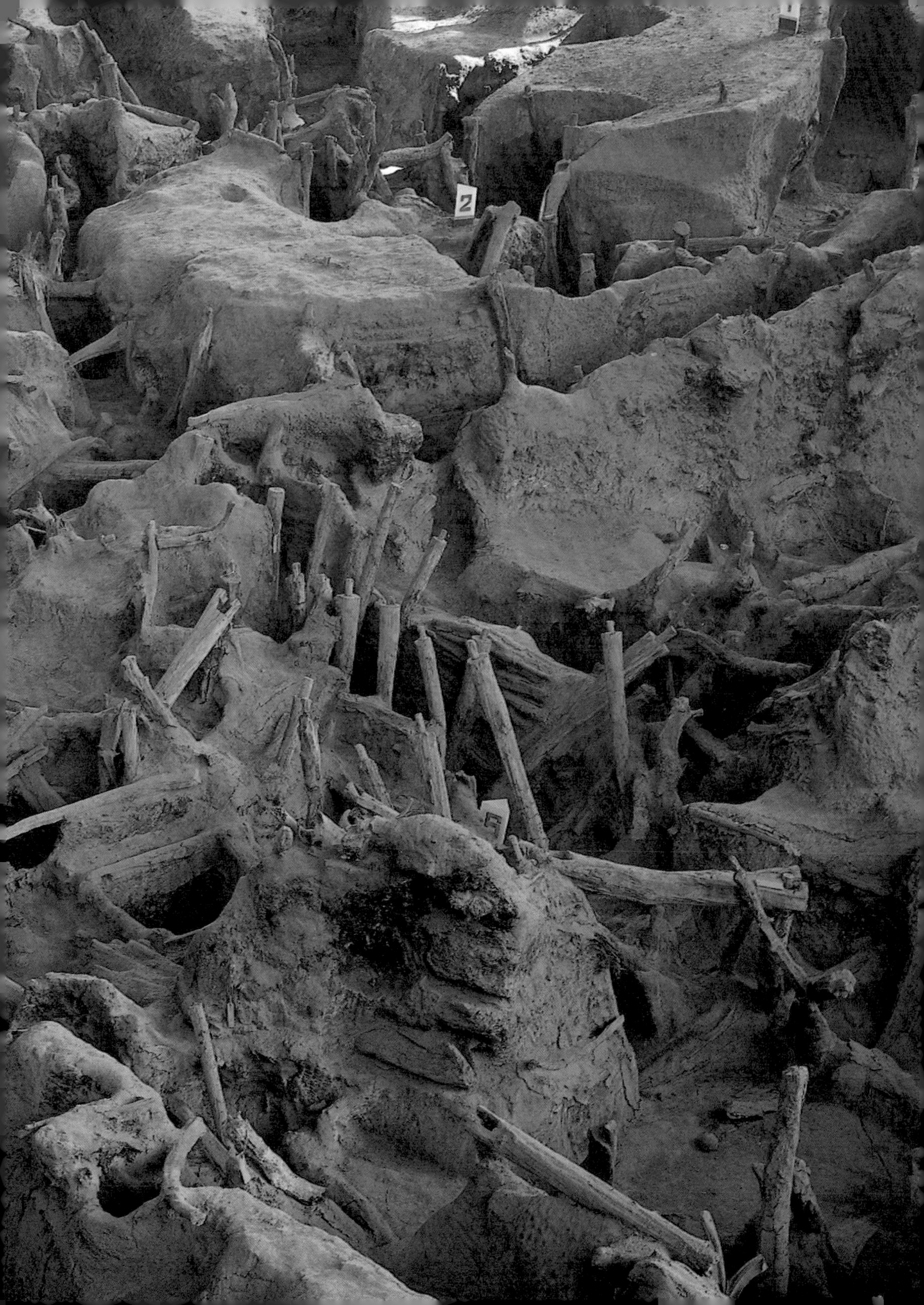

產，煉鋼生產在中國已有二千五百多年的歷史。

《史記‧禮書》和《荀子‧議兵篇》中都談到楚國的宛（今河南南陽）出產的兵器刃鋒像蜂刺般厲害，據推斷這也是鋼製的。這些遠比青銅和石器鋒利的新式武器屠戮著那個烽煙四起的年代。楚、韓兩國以產鋼鐵兵器聞名，以致被稱作「強楚盡韓」。蘇秦稱韓國鑄的劍戟能「陸斷牛馬，水截鵠雁，當敵則斬堅甲鐵幕」。當時的鐵兵器品質是極爲重要的軍事裝備，它可能對戰爭的勝負起到關鍵的作用。秦昭王就曾見楚國「鐵劍利則士勇」，擔心楚國會興師伐秦。

凹口鐵畝：此器保存完整，鑄鋒猶在，呈青灰色。鋤鐵口呈凹字形，一面平整，一面隆起，上部兩側有槽口，刃作弧形，向兩側伸出。其金相組織是珠光體和鐵素體為基體的展性鑄鐵，它既可克服白口鐵的脆性，又比灰口鐵堅利，是當時主要的起土工具之一。

鐵器的硬度和韌性都勝過石器和青銅器，當這種銳利而堅固的工具取代石器和青銅器被廣泛應用於生產和戰爭時，意味著人類進入新的文明階段。鐵製工具的應用，有助於新的生產力的發展，這必將促進新的生產關係的成長和變革。

河北易縣燕下都出土的戰國鐵矛

2、農業的變革

中國農業發展史可以分為原始農業、傳統農業和現代農業三種歷史形態。使用木石農具、刀耕火種、撂荒耕作是原始農業的主要特點，它和新石器時代的終始年代基本相吻合。傳統農業是以畜力牽引和金屬農具為標誌，尤其以鐵犁牛耕最為典型。虞、夏、商、西周和春秋是從原始農業向傳統農業過渡的時期，精耕細作的農業特色也從這時開始萌芽。戰國以後隨著鐵製農具的使用、水利工程的興建、荒地的開墾、牛耕技術的推廣和各種耕作技術的提高，中國傳統農業體繫逐漸形成和成熟。

農具的進步

農業生產工具是古代農業生產力的最重要標誌。從西元前二十一世紀到前二二一年嬴政建立秦朝的近二千年間，農業生產工具經歷過從木石到青銅再至鐵的發展過程。從虞、夏到春秋，農具仍然保留著原始農業的痕跡，比如木質耒耜的廣泛使用就是明證，但其時農具質料的金屬含量已經不斷增加。增加的金屬多是指青銅，青銅工具出現的意義不僅是它可以直接用於生產，還在於用它能夠製造出比以前更多更精良的木石農具。不過從歷史上看，青銅農具始終沒能取代木石農具進而佔據農業工具的主導地位，原因是它雖然比木石農具精良，但其原料來源困難，屬於比較貴重的金屬，難以普及。相對而言，鐵的硬度要高於青銅，原料來源也更容易。因此，鐵農具在春秋中期問世後，逐漸將木石和青銅工具排除出農業生產領域。據考古發掘，在原戰國七雄所在地區出土過當時的鐵製農具，有的遺址中的鐵農具甚至占到全部農具的百分之九十以上。可以說，戰國時代的農民已經擺脫木石和青銅工具的束縛，用堅硬和鋒利的鐵製農具推動著社會的飛速前進。

李冰父子二王廟：後人為紀念李冰和他兒子為川西人民所作貢獻，修廟紀念，名為「二王廟」。

水利工程的興修

自古水利就是農業的命脈，這是人類從生產實踐中早就得出的認識。中國多數地區受季風氣候影響，冬春苦旱，夏秋患澇，爲解決這兩個問題，春秋以前的先民發明農田溝渠和人工灌溉的方法。

《周禮・地官・司徒》對農田溝渠的描述爲「通水於田，池水於川」。溝渠主要是爲消除水害而設置的，即「備澇非爲旱也」，但同時也能適當起到濕潤土壤的作用。這種技術肇始於夏，相傳禹治水時曾鑿溝渠，以排泄水澇。商周甲骨文中有關溝渠的象形文字「甽」，「甽」即後來的「畎」字，從田至

運河圖：古時人們講人工開鑿的航運管道稱為溝渠、漕渠、運渠等，後稱運河。自開挖邗溝以後，歷代都有開鑿運河的工程。圖為明代所繪的《黃河、運河全圖》局部。

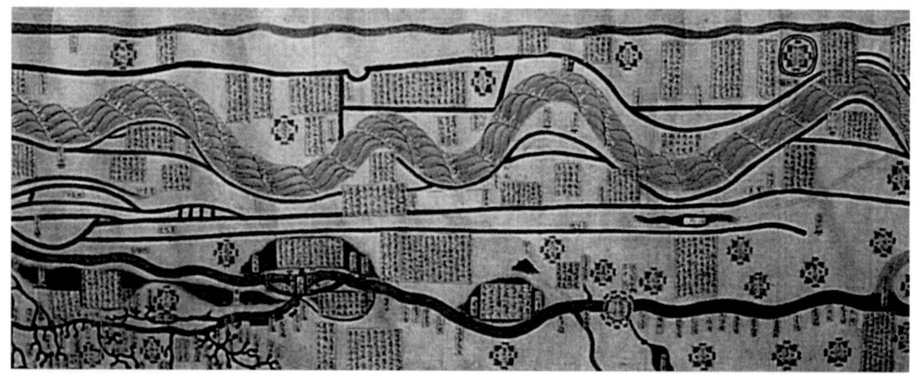

鄂君啟節（局部）：一九五八年出土於安徽壽縣。節，是中國古代商品運輸通過關卡的憑證。此節鑄於楚懷王六年（前三二三年），銅質，共五枚，其中陸節三枚，水節兩枚。鄂君啟是戰國中期楚懷王時（前三二八～前二九九年）鄂地（今湖北鄂州）的一個封君。節文規定鄂君在楚國境內的商運路線，反映了春秋戰國時期南方航運的基本狀況。

川，從字形上分析是指田間流水的溝。這些史料記載已經被越來越多的考古學資料所證明到西周時農田溝渠的技術趨於規範化，開拓耕地已注意到溝渠的安排，方塊農田與水溝相結合，形成嚴格的井田溝渠繫統。溝渠繫統的形成是中國上古先民與洪澇災害作鬥爭的智慧結晶，成爲春秋以前中國農業生產的重要特徵。

漳水西門渠：魏國鄴縣縣令西門豹為治理漳水氾濫，組織百姓修挖十二條支渠引漳水灌溉田地。西門渠經過二千多年的風雨侵蝕，它的主要渠道及支渠遺跡大多已難以尋覓，僅殘存西門閘及主渠的一段遺跡。圖即為主渠的一段遺跡。

農田溝渠主要是用來排水，難以起到有效的灌溉作用。據中國最早的農學著作《氾勝之書》載，商代開始出現人工提水灌溉工程。「昔湯有旱災，伊尹爲區田，教民糞種，負水澆稼，收至畝百石」。《詩經・小雅・白樺》已有引水灌溉稻田記述：「滮池北流，浸彼稻田。」由於鐵器的逐漸普遍使用，人類征服自然能力的提高，從

春秋末期開始出現較大規模的水利工程。戰國時期各國普遍重視農田水利灌溉事業，掀起興建水利工程的高潮，這種風氣影響到以後的歷代王朝。這時期著名的水利工程主要有：

芍陂的興建。春秋楚莊王時孫叔敖修建的芍陂（今安徽壽縣）。這是中國文獻記載最早的大規模的水利工程。中國古代農田灌溉工程首先出現於南方，是和南方多水的自然條件和以水稻爲主的種植作物密切相關的。

夫差開鑿的邗溝（在今江蘇揚州）。這是條溝通長江與淮河的運河，並接通沂水和濟水。夫差開鑿這條運河的目的本是爲北上爭霸，運送軍事物資，卻給運河兩岸的農田灌溉帶來極大的便利。

鄭國渠渠首：鄭國渠是引涇水入洛水的一條三百餘里的灌溉渠，使原來貧瘠的渭北平原變為「無凶年」的沃野。圖為鄭國渠的渠首遺址。

鴻溝的開通。戰國魏惠王以天然湖泊圃田（在今河南中牟縣）爲結合點，分別向黃河和淮河開鑿兩條管道，修成鴻溝，將淮河和黃河連通，再有邗溝已經溝通淮河和長江，這樣黃河流域和長江流域就聯繫起來，從而促進南北的經濟文化交流。

魏引漳水灌鄴（今河北臨漳）工程。關於引漳灌鄴工程有不同的說法，本書以《史記》的記載爲準。魏文侯時，任用李悝爲相進行改革，當時西門豹爲鄴令，鑿十二條渠，引漳河水灌鄴，人民深受其利。一百餘年後，史起爲鄴令，重修已經荒廢的十二渠，民得其利，歌曰：「鄴有賢令兮爲史公，決漳水兮灌鄴旁，終古舄鹵兮生稻粱。」

都江堰水利工程。都江堰是中國歷史上最著名的水利工程，位於四川成都平原，是秦昭王（前三〇都江堰六字訣：「深淘灘，低作堰」是古人對都江堰管理維修的經驗總結，是必須遵守的六字訣。

都江堰：位於四川都江堰市，約創建於前二五一年。當時任秦蜀郡守的李冰，總結前人治水經驗，率領百姓建成都江堰。從此，川西平原「水旱從人，不知饑饉」，四川因而成為「天府之國」。

六～前二五一年）後期蜀守李冰主持修建的，其目的主要是治水，同時兼有農田灌溉和航運的作用。原來的成都平原經常發生旱澇災害，主要原因是岷江上游經過地勢陡峻的岷山叢林時，水流湍急，進入成都平原後突然減速，降水夾帶的泥沙淤塞河道。雨季時洪水氾濫成災，雨季過後造成旱災。李冰首先在岷江上游建分水堰，分水堰

分岷江爲二，東稱內江（或郫江），西作外江（或檢江），外江沿岷江故道流入長江。再鑿開離堆山，形成寶瓶口，內江水經寶瓶口流入灌縣，再沿各條支流灌溉農田。內江和外江間修建飛沙堰，每當汛期，多餘水從內江泄到外江。都江堰建成後，既免除水患，又可灌田萬頃。《水經注》載，蜀地從此「水旱從人，不知饑饉，沃野千里，謂之千里」。

鄭國渠。鄭國是戰國末期韓國的著名水利專家。秦王嬴政即位後，韓國暗派水士鄭國前往秦國執行所謂的「疲秦」的計畫，誘使秦王把大量的人力物力消耗在水利建設上，使其無力東伐。秦王果然採納鄭國的建議，並任命他來主持工程的開鑿。但施工過程中，韓王的計謀暴露，秦王便要殺鄭國。鄭國辯解說，這項工程不過是「爲韓延數歲之命」，卻能爲秦「建萬世之功」。於是秦王讓鄭國完成工程的建設。出乎韓國人意料的是，鄭國渠使關中成爲當時全國最富庶的地區。

李冰石人水尺：戰國時期秦國在都江堰設立的三座石人，可視為中國最早的水尺。圖為東漢時期所刻李冰石人水尺。

鄭國渠發動近萬人歷時十年完工，它西引涇水東注洛水，長達三百餘里。涇河從陝西北部群山中沖出，流至禮泉進入關中平原。鄭國渠充分利用西北略高、東南略低的有利地形，在禮泉縣東北的谷口開始修幹渠，使幹渠沿北面山腳向東伸展，將幹渠自然地分佈在灌溉區最高處。這既能最大限度地控製灌溉面積，又可以形成全部自流灌溉繫統。工程修成後灌溉田四萬頃，畝產達一鍾（六石四斗）。關中成為沃野，旱澇保收，為秦最終消滅東方六國積攢下雄厚的實力。

耕作技術的提高

春秋戰國是中國傳統農業精耕細作特色開始形成的時期，各項耕作技術發生著歷史性的變化。所謂「精耕細作」就是想方設法從耕翻土壤、選種播種、中耕除草、灌溉施肥、防止病蟲害到最後收穫，給予農作物以最好的生長環境，達到豐收的目的。

從耦耕到出現和普遍使用畜力進行犁耕，是春秋戰國耕作方式的重大變化。耦耕是指二人協作用耜耕作，西周初就已出現，春秋戰國時期仍舊廣泛存在。牛耕的標誌是鐵製的犁和畜力的結合。

銅鐮和鐵犁鏵：農具的進步，也是農業生產發展水準的一個標志。銅鐮和鐵犁鏵的使用，使得農業生產的效率提高很多。

多數學者認為，牛耕應產生於春秋，到戰國時開始向全國推廣。《論語・雍也》載：「犁牛之子，騂（赤色牛）且角」。「犁牛」連用，說明牛已用於拉犁耕地。這時，人的名字也常見牛與耕相提並論的現象，如孔子弟子司馬耕字子牛、晉國有力士名牛子耕。《國語・晉語》記載，春秋晚期范氏、中行氏失敗後，逃到齊國，把原來用作祭祀用的犧牲放到田裏耕作，即「宗廟之犧為畎畝之勤」。山西渾源出土的晉國牛尊穿著鼻環，表明牛已被牽引從事勞動。另外，考古工作者在山西侯馬東周遺址發現春秋時期鐵犁鏵，這都是犁耕農業開始的明證。

春秋戰國時期，犁耕的出現並逐漸普及，可提高工作效率的二三倍，是農業發展史上劃時代的事件。

牛耕技術帶來的進步主要表現為「深耕易耨」。當時人已經意識到，通過深耕能收到消滅

雜草和蟲害的作用，有利於農作物的生長。所謂「上田棄畝，下田棄甽。五耕五耨，必審以盡。其深殖之度，陰土必得；大草不生，又無螟蜮」。

鐵口木耒：雖然青銅農具和鐵農具已開始廣泛使用，但木、石類農具仍在生產中起著重要作用。這件鐵口木耒典型地反映了當時木器和鐵器混合使用的情況。

春秋戰國時期耕作技術的提高還體現在施肥方面。施肥是改良土壤、保持地力和提高產量的重要措施。關於商代農業是否開始施用糞肥問題，學者們持有不同的意見，但《詩經・周頌・良耜》已有利用綠肥的記載：「荼蓼朽止，黍稷茂止。」中國施肥技術明確見於記載的在戰國時期。《荀子・富國》說：「掩地表畝，刺草殖穀，多糞肥田，是農夫眾庶之事也。」這時的農民已經從生產中認識到野草樹葉腐爛後可以用作肥料。這是農業生產內部的廢物利用，有利於保護生態環境和農業的可持續發展。除了用草木腐殖質和灰燼外，當時的人也學會利用人糞尿作爲農業生產的肥料，這是中國的先民首創。直到現在，這些閃著智慧火花的做法仍然沿用著。另外，戰國時代的農民已經普遍重視選用良種，保證農作物的通風、光照和水分，促進農作物茁壯成長。同時，由於農業生產深受季節的影響，春秋戰國的農民已經非常重視農時，並從生產實踐中總結出二十四節氣，用來指導農業生產。它是中國古代農民對農業氣候的精闢認識。

鐵鏟：陝西鳳翔秦穆公墓出土，說明當時鐵器工具已經產生。

隨著鐵製工具的普遍使用，牛耕的推行，

人首紋青銅劍

灌溉事業的發展，施肥技術的進步，春秋戰國時期的農業生產取得快速的發展，湧現出許多總結古代農業耕作經驗的農書。

《漢書．藝文志》著錄的古代農書有《神農》、《野老》。此外還有《后稷農書》。遺憾的是，這些農書均已失傳。《呂氏春秋》中的上農、任地、辯土、審時四篇，是流傳下來的先秦時期中國農業生產經驗的總結。書中對整地保墒、間種、行種、通風、日照對農作物生長的作用，適時收割的重要性，都有精闢的論述，體現出當時的農業正朝著精耕細作的方向發展。

新土地製度的建立

西周王朝和春秋各國都普遍施行井田製。井田製是中國古代的一種土地佔有製度，由原始氏族公社土地公有製發展演變而來。井田就是方塊田，該詞最早見於《穀梁傳．宣公十五年》：「古者三百步爲里，名曰井田。」

西周時期的井田製就是把耕地劃分爲規定面積的方田，周圍有經界，中間有水溝，阡陌縱橫，呈「井」字形。每井分爲九個方塊，每個方塊約爲一百畝（約合今三十一畝），中間的是公田，周圍八塊田由八戶農民耕種。公田也叫「藉田」，就是借助民力耕種公田，實行集體耕耘，收成歸國家或貴族。井田的最高所有權屬於國家或貴族，只能由同姓依照嫡庶的宗法關係去繼承，嚴禁買賣。耕種井田的百姓只有使用權。

到春秋時期，由於鐵器的使用和牛耕的推廣，農民戰勝自然的能力得到提高，從而帶來耕地面積和農業產量急劇增長，尤其是私田的開墾，這使以家庭爲單位的小生產和以個體經營爲特色

衛盉：蓋內鑄有銘文一百三十二字，詳細紀錄了貴族間的土地交易。說明西周初期的土地國有制，到了西周中期已經出現變化。

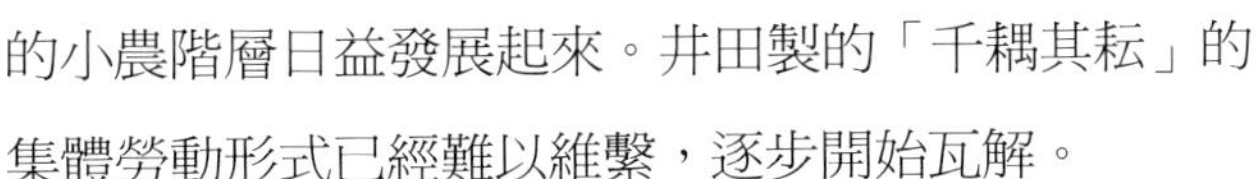

彩繪樂舞圖鴛鴦盒：此漆盒為木胎，為鴛鴦形。背部有一帶鈕的蓋，可以打開注水。鴛鴦的頸部與器身用榫連接，拔出後，榫眼可以用作出水口。漆盒遍體以黑漆作地，用朱、黃色漆繪出鴛鴦的器官和羽毛，在腹部兩側還各繪有一幅樂舞圖。

的小農階層日益發展起來。井田製的「千耦其耘」的集體勞動形式已經難以維繫，逐步開始瓦解。

春秋時期周王室衰弱，周王失去對土地的最高支配權，貴族爭田奪田現象經常出現，土地不許買賣的規定，實際已被打破。同時，許多舊貴族隨著戰爭動盪喪失權勢和土地，另外則是有些人卻因軍功等得到大量賜田，社會上土地佔有情況發生嚴重變化。井田製在這種混亂局面裡逐漸喪失生命力。原來由貴族領主分封世襲的土地所有製逐漸轉變爲土地直接歸國家和地主私有的土地所有製。

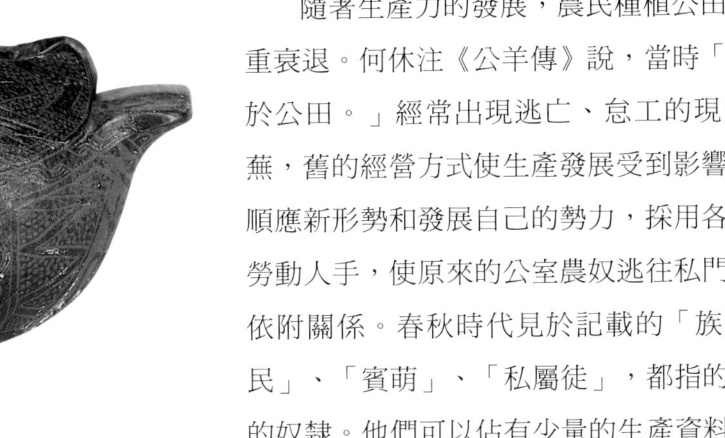

隨著生產力的發展，農民種植公田的積極性嚴重衰退。何休注《公羊傳》說，當時「民不肯盡力於公田。」經常出現逃亡、怠工的現象，井田荒蕪，舊的經營方式使生產發展受到影響。新貴族爲順應新形勢和發展自己的勢力，採用各種辦法招徠勞動人手，使原來的公室農奴逃往私門，逐步形成依附關係。春秋時代見於記載的「族屬」、「隱民」、「賓萌」、「私屬徒」，都指的是這些逃亡的奴隸。他們可以佔有少量的生產資料，獨立經營農業和與農業有關的家庭副業，已經是後來封建農民的前驅。

春秋後期魯國「初稅畝」開始，各國相繼採取不論公田私田都由國家按實有田畝收稅的製度。這就正式宣告井田製的廢除，承認私田的合法性。井田製瓦解後，土地不再由各家共耕，國家將土地分給農民家庭，每戶受地百畝，另有少許宅圃地。國家按產量徵收百分之十的稅。農民多收多得，積極性得到極大提高。

雙環金耳杯：此杯通體無任何裝飾，僅在杯的腹部飾有兩個對稱的環耳，整個器面光亮如新。

3、商業的空前發展

中國在商和西周時期就已出現專門的商業和商人。有學者認爲，古代從事商業活動的人被稱作商人的原因，就源於商代商人擅長經商。從春秋到戰國，鐵製農具和牛耕的推廣普及，以及耕作技術的提高，使農業生產力獲得飛速發展，農業勞動者也由奴隸轉化爲個體小農。農民有越來越多的剩餘產品要求出售，交換所需的生活生產資料。同時，獨立的手工業者廣泛出現，其產品就是以交換爲目的的商品，不進入市場就無法獲得生活必需品和再生產的資料。另外，當時山澤相繼開放，青銅、冶鐵、煮鹽等重要手工業部門經常允許私人經營，手工業由官方壟斷的格局被打破。再加上城市的興建、交通的開闢，政治局勢的漸趨統一，這都是春秋戰國時代商業空前發展的良好條件。當然，各國爲謀富圖強也都注重製定保護商業政策，以促進本國經濟的全面發展。

商人形成為獨立的社會群體

商人形成爲獨立的社會群體就是春秋戰國時期商業發展的重要標誌。春秋以前雖然也有商人和商業，但「商」是爲官家服務的，所謂「工商食官」。春秋初期管仲治齊，把國人分爲士農工商四個階層，各行其業，各居其所。商人雖爲四民之末，但表明經營商業已是正當的事業，意味著商人可以擺脫官府的依附關係自行經營。雖然傳統觀點認爲，中國古代商人的地位低下，但春秋戰國的許多富商巨賈都對當時的政治產生過重要影響。比如說管仲曾經做過商人，鄭國商人弦高智退秦軍，富商呂不韋把持秦國朝政等。

春秋後期，越國范蠡幫助勾踐滅吳後，變名易姓，經營商業，十九年中三致千金，再盡散其財，周濟貧人，被後世商人奉爲祖師。

隨著商人階層的形成，他們經營商品種類繁多，活動範圍極廣，涉及到各個生產部門，獲利豐厚。《史記•貨殖列傳》中列出十餘名私人富豪，都是與王者埒富、禮抗萬乘的人物。

彩繪鳳鳥雙聯杯：此漆杯由兩個竹筒杯和木質鳥身、鳥尾等拼接粘合而成。兩個杯的內壁近底處有一圓孔相通。全器作鳳鳥負雙杯狀。此杯造型奇特，工藝精美，是先秦漆木工藝的代表作。

商業都市的興起

春秋戰國時期商業的發展重點是統治階級居住和爲它服務的人群集中的城市，各國的都城和位於交通樞紐

獸面紋玉琮：玉琮在原始社會末期時較為盛行。春秋戰國墓葬中出土的玉琮極少，出土的工藝也十分簡陋。此件獸面紋玉琮即在表面簡單地雕有獸面紋飾。

「黃夫人」壺：壺體為扁方圓角形，頸長，鼓腹，圈足。蓋頂有一環鈕，蓋面飾有竊曲紋。在肩部和腹部連接處附有兩個虎形耳。肩部飾有對環紋和三角紋，腹部飾有蟠螭紋。壺的頸部有銘文十六字，表明此器是黃子為其夫人所做的銅器。

玉兔、玉牛、玉獸、玉蠶：西周早期，陝西長安張家坡出土。

的貨物集散地，都形成規模不等的城市。這裡以商業發達較早的齊國都城臨淄爲例。《史記・齊太公世家》載，西周初年姜太公封齊後，注重發展工商漁鹽業，使「人民多歸齊」。春秋時期的齊國都城臨淄已是熱鬧非凡，當時相國晏嬰的住宅靠近街市，「湫隘囂塵，不可以居」，建議他搬家。晏嬰卻以「朝夕得所求」即購物方便爲由謝絕。到戰國時，臨淄住戶達七萬，「其民無不吹竽鼓瑟，彈琴擊筑，鬥雞走犬，六博蹋鞠者。臨淄車轂擊，人肩摩，連衽成帷，舉袂成幕，揮汗如雨。家殷人足，志高氣揚」。足見當時臨淄的繁華景象。再如楚國的都城郢，城內人群相擠，以致有「朝衣鮮而暮衣敝」的說法。連後起的秦國都城咸陽，也呈現出「四方輻湊並至而會」的局面。春秋戰國時的商業都會數目眾多，星羅棋佈於全國各地。

城市裡商品交換的固定場所叫「市」。市內列肆成行，設官管理。那時的市是封閉型的，營業時間也要受到限製，市門朝開夕閉。

「黃夫人」盉：器體上半部像甑，下半部像鬲，上下合二為一。上部的裏面有一圓形的無孔木箅。在盉的上部刻有十六字銘文。

交易時間主要是上午，過午後漸散，至夕而罷。由於西周禮製已趨於崩潰，許多過去嚴格禁止的商品已變爲市場交易的重要專案，珠玉珍寶和兵器公然陳列於市。而在農村，道路旁的空地上也由原來交換而自發形成定期的市集。

就現有資料看，中國最早的貨幣是貝幣，它萌發於原始社會，盛行於商代。商業的勃興，勢必會推動貨幣經濟的發展。春秋戰國時代，商業取得空前發展，貨幣的使用變得更加廣泛，但由於諸侯割據，流通領域形成的是區域性的貨幣。不同地區的鑄幣，其器形、重量、文字標誌、貨幣單位、合金成分都有差異。當時的商人就是揣著這些各種形製和質地的貨幣，穿梭於各國間。各類貨幣在流通中逐漸形成較公平兌換比率，但這種混亂貨幣形態會給經濟發展帶來諸多不便。有學者說，春秋戰國的貨幣正是這個時代分裂割據、但最終會走向統一的歷史縮影。這時期的貨幣是實物貨幣和金屬貨幣並用。實物貨幣以珠玉爲貴，絹布等較爲普遍。金屬貨幣除金銀外，還有銅、錫等金屬鑄幣。雖然當時社會上存在著各種貨

骨幣：繫用動物肢骨製成貝形幣，用作隨葬器物，這是楚國貴族仿效中原的作法，希望子孫昌盛。

刀幣：在古人的日常生活中，刀是一種多用途的工具，也是人們可以讓渡的財產。所以當時稱做「削」的青銅工具便逐漸演變成最初的刀幣，流通於黃河流域的齊、燕及趙地區。

幣，然而銅鑄貨幣卻日益普及流行，成爲民間商業來往中的主要貨幣。各國流行的銅鑄貨幣主要有四種形式—：

銅貝：殷周時長期使用天然貝作貨幣，春秋戰國沿用。但由於商業的發展和天然貝來源不多，西周晚期出現骨製和銅製的貝。戰國時，貝多由銅製，常稱爲「蟻鼻錢」或「鬼臉錢」，主要流行於楚國。銅貝是中國最早的青銅鑄幣，同時也是世界上最早的金屬貨幣。「寽」爲銅貝的計算單位。銅貝體質輕，易攜帶，是良好的貨幣。

刀幣：刀幣是由古代石刀演化而來，春秋戰國時，用銅仿製作貨幣用。後來爲攜帶方便，減輕重量，縮小體積，但沿襲形製，成爲刀幣。流通的地區是齊國、趙國和燕國部分地區。齊國刀幣形製較大，尖頭。燕趙刀幣形製

蟻鼻錢：「蟻鼻錢」也稱「鬼臉錢」，相傳是春秋時楚國令尹孫叔敖所製，從大量出土物可知：蟻鼻錢鑄行於戰國時期的江淮流域，多在南方出土，與中原貨幣不同，一般認為是楚國的貨幣，其幣文及形狀均不統一，其中「咒」字錢文極像人面，被後人稱為「鬼臉錢」。

田字空首布：殷商晚期和西周時期，銅製工具在不同地區形成了一般等價物。到了春秋時期，人們又將其轉化成專職的貨幣，即現在所稱的空首布。

屯留 戰國 趙

唐是 戰國 韓

莆子 戰國 魏

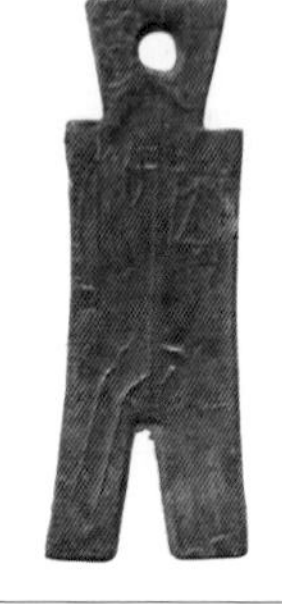

方足布 戰國 楚

方足連布 戰國 楚

較小，爲方頭或圓頭。

布幣：即所謂鏟幣。布幣由農具鎛發展而來，布與鎛是通假字。鎛就是現在的鏟。古代石鏟是重要的農業工具，常用作商品交換的貨幣。春秋戰國時期銅鑄布幣，體製輕薄，主要流行於三晉地區。布幣的形製是逐漸演變的，最原始的空首幣，後來變爲方足布、尖足布、圓足布，進而出現圓足圓肩的布幣，說明貨幣形式逐漸向圓的方向發展。

圜錢：圜錢爲圓形，「圜，謂均而通也」。取其圓轉均通的意思，如泉水暢流，所以也稱錢爲泉。圜錢是後起的貨幣，可能出現在春秋末期。戰國時，圜錢主要流行於周、秦和韓、魏兩國的沿黃河地區。後世銅貝、刀幣、布幣等都廢止，只有周圓空方的圜錢流行。戰國中期以後，秦國的主要

郢爰：楚國通用金幣，反映了楚國晚期商業貿易的繁榮和爰金在實際流通中的重要地位。

安邑二：戰國中晚期魏國鑄幣，因其幣形像橋孔，故又稱「橋足布」。戰國布形幣的銘文有許多種，有的是銘官名，有的是銘地名，此錢銘文「安邑二」是作記地名和記錢幣的數值用。

貨幣是「半兩」方孔圓錢。西元前二二一年，秦統一中國，秦始皇把他的貨幣製度推廣到全國，於是貨幣也得到統一。

隨著商品經濟的發展，春秋戰國時黃金成爲貴重的貨幣進入流通領域。黃金作爲貨幣進行流通，說明春秋戰國貨幣經濟已經有較高的發展水準。當時的黃金以鎰或斤爲單位。一鎰重二十或二十四兩，一斤約合今二百五十克。黃金與銅幣相比的顯著特點是不受國界和地域的限製，可以在各國通用，這對促進各國交往和政治統一起到不可低估的作用。另外，銅幣通常是在民間使用，而黃金則主要在統治階層的各種活動中使用，如餽贈、賞賜、賄賂、購買貴重物品等。秦國就屢以黃金千斤反間敵國，在消滅六國中起到重要作用。

考古已發現春秋戰國時楚國的金幣。現在通常將楚金幣稱做爰金。爰金，是目前中國發現並已著錄的最早的黃金貨幣。已發現的爰金中，鈐印有「郢爰」的占絕大多數。因此又以郢爰代指爰金。「爰」，有人認爲是楚國的重量單位，一爰即楚製一斤，約合今二百五十克。楚國之所以能在中國最早利用黃金作貨幣，是因爲楚地擁有豐富的黃金資源。這點已被古代文獻的記載和現代地質勘探結果證明。楚國金幣在幣材、幣形、幣值、幣文諸方面都與其他各國的貨幣存在諸多區別，從而使其成爲經濟領域中的楚文化的重要特徵。

春秋戰國時期貨幣經濟的發展使人們的經濟觀念發生明顯變化，追求物質利益的趨向應運而生。先秦諸子的思想基本都反對人生單純追名逐利，但也認爲人的本性是趨利的。所謂「今人之性，生而有好利焉」。

禮樂崩壞，群雄並起，競相爭霸，「爭地以戰，殺人盈野；爭城以戰，殺人盈

第三章

百家爭鳴

城」。與這種戰火和血腥形成對比的是，中國學術思想界出現學派林立、「百家爭鳴」的局面，從而揭開中國古典文明史上最為光彩奪目的篇章，為古代中國人類精神的覺醒創造極為重要的條件。社會的變革為思想家們發表各自的見解提供了廣闊的歷史舞臺；文化的交流、衝突和滲透，使文化的重組和融合成為可能。百家爭鳴始於春秋末年，興盛於戰國時期。這時各家學派通過批判辯論，互相影響，共同發展。甚至某些學派的內部也在發展過程中，發生變化以至於分化。

1、孔子與儒家

孔子（前五五一～前四七九年），名丘，字仲尼，春秋末期魯國人。出生於沒落貴族家庭，年輕時曾做過管理倉廩的「委吏」與看管放牧牛羊「乘田」。他勤奮好學，鄉人贊其博學。後因魯國內亂，避禍到齊國。返回到魯國時，政局動亂，只好從事教育和整理典籍的工作。直到年過五十，他才被任用爲中都宰，官至大司寇。後由於與魯國執政者季氏發生矛盾而棄官，遂率弟子周遊列國十四年，但都未能實現他的政治主張。晚年歸魯後，繼續整理文獻，授徒講學。

孔子像

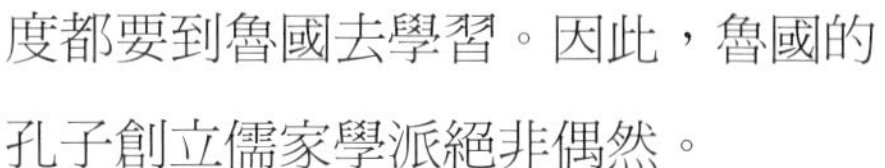

關於儒的涵義，東漢鄭玄注釋《周禮・太宰》「儒以德民」時指出：「儒，諸侯保氏有六藝以教民者。」可見，儒就是用六藝（即詩、書、易、禮、樂、春秋）教育貴族子弟的王官。春秋時期學術下移，官學變爲私學，便將從事教育的人也稱爲儒。魯是周公的舊封，長期保留著豐富的商周文化傳統。「周禮盡在魯矣」，諸侯的禮樂製度都要到魯國去學習。因此，魯國的孔子創立儒家學派絕非偶然。

孔子的學說就是士階層思想的結晶。孔子生活的時代正值公室卑弱，宗族製度逐漸瓦解，社會正醞釀著巨變。當時「士」處在社會的中間，是統治階級的最下層。但士階層是軍事上的作戰骨幹，政治上的下級官吏，文化上的知識群體，經濟上也擁有私有田宅產業。應當說士的社會作用非常重要，但地位不高，必須依附把持國政的世卿貴族。當他想求仕聞達時，便表現出迎合上層貴族利益的保守思想，而在窮困不得志的情況下，就表現出同情庶民的進步觀念。

孔子的學說全部貫注著「中立而不倚」的中庸思想。他讚歎中庸是至高極難的美德，說「中庸之爲德也，其至矣乎！」這是儒家學說最重要的方法論。所謂中庸就是「叩其兩端而竭焉」，即對事物進行調查研究，弄清事物的兩個極端，再「允執其

山東曲阜孔廟大成殿：大成殿是孔廟的正殿，自唐代起，經歷代重修擴建。現在的大殿為清雍正二年(一七二四年)重建，九脊重簷，黃瓦覆頂，雕樑畫棟，雙重飛簷正中豎匾上刻雍正皇帝御書「大成殿」三個貼金大字。

孔廟奎文閣：奎文閣位於孔廟同文門與十三禦碑亭之間，初建於宋天禧二年（一〇一八年）。原名藏書樓，金明昌二年(一一九一年)重修時以在二十八宿中主文章的奎星命名。明弘治年間改建為現在的樣子，共三層二十三·三五公尺高，飛簷斗拱，綠瓦朱牆。清雍正時改為黃琉璃瓦，工藝奇巧，是我國古代著名的木結構樓閣之一。原藏的書文墨蹟，經歷代戰亂，已大部分散失。

中」，「中」是恰到好處、最爲合理的意思。所以說，孔子「中庸」方法論具有辯證法因素。但它對矛盾雙方的斗爭性缺乏足夠的重視，容易被後世的統治者歪曲爲折中、調和，使它長期起著消極的歷史作用。

孔子的政治觀和倫理觀是互相關涉的。孔子政治主張的主要內容是「禮樂」。「道之以德，齊之以禮」是孔子最高的政治思想。「德」指仁義，「禮」指統治階層規定的秩序。親親、尊尊、長長、男女有別是禮的根本。依據這些固定不可變的根本，製定出無數的禮節，用以區別人與人相互間複雜的關係，確定每個人應受的約束，使各守本分，不得逾越。「禮」以外還有「樂」，「樂」是從感情上求得人與人相互間的妥協中和。「禮」用以辨異，分別貴賤的等級；「樂」用以求同，緩和上下的矛盾。

禮樂的基礎是「仁」。「仁」是孔子倫理思想的核心。「仁者愛人」、「克己復禮爲仁」就是他給「仁」所下的兩個最主要的定義。孔子說「人而不仁，如禮何！人而不仁，如樂何！」就是說，如果沒有「仁」作爲思想基礎，禮、樂只是空談。「仁者人也」，「仁」就是愛或同情心，是做人的道理。愛父母叫做孝，愛兄長叫做悌，愛君上叫做忠。但愛或同情心並非兼愛，必須有等次，稱爲「義」。「義者宜也」，「義」即適宜、合禮。要按照尊卑、貴賤、親疏、長幼、男女的差別，表現出各種輕重不等的愛或同情，與禮相適應。所以說「仁近於樂，義近於禮」。禮、樂在外，仁、義在內。

孔子主張仁政，反對橫徵暴斂，認爲「苛政猛於虎」。《論語・先進》載，弟子冉求替季氏聚斂，孔子憤怒將其逐出師門。他主張舉賢才，慎刑罰，薄賦斂，重教化，認爲「天下有道，則禮樂征伐自天子出；天下無道，則禮樂征伐自諸侯出」，「天下有道，則政不在大夫；天下有道，則庶人不議」。這裏已經反映出孔子的統一思想，體現出當時社會要求消滅混亂局面，形成有序社會思想。可是他的思想並不符合春秋末期的歷史實際。但只要統一的政權出現後，這種思想便能迎合統治者的心理，所以受到後世的極力提倡。從西漢「罷黜百家，獨尊儒術」開始，各個王朝都積極利用孔子的這種思想，維護現行政權的穩固。

孔子創造的儒學，形成中國傳統時代的文化核心。他在中國文化史上享有崇高的地位。從西漢開始，孔子學說適應統治階層的需要，隨時調整變化，但總是處於顯學獨尊的地位。孔子在世的時候，就有人尊奉他爲「聖人」，死後更是爲人所景仰，將其視爲萬世師表。他是封傳統會集大成的「聖人」，是中國古代文化的偉大代表。

孟子和荀子

孟子(約前三七〇～前二八九年)，名軻，鄒（今山東鄒縣）人。是繼孔子以後戰國中期儒家學派最有權威的代表人物，後世尊爲「亞聖」，與孔子並稱「孔孟」。他以孔子的繼承人自任，認爲「五百年必有王者興」，「由周而來，七百有餘歲矣；以其數則過矣，以其時考之則可矣」，號稱「如欲平治天下，當今之世，舍我其誰也！」

孟子主張效法先王，實行「仁政」和「王道」，反對當時部分國君

孟子像

的虐政和霸道，提出「民爲貴，社稷次之，君爲輕」的思想。他竭力鼓吹堯舜，說「堯舜之道，不以仁政不能平治天下。」他把政治體製，分爲「霸道」和「王道」兩種，「以力假仁者霸」、「以德行仁者王」。所謂的「王道」，實質就是他的政治理想，即「尊賢使能，俊傑在位」，爲民製產，「施仁政於民，省刑罰，薄稅斂，深耕易耨」。這樣就能使人民歸心，「無敵於天下」。

孟子主張人性本善，這是他「仁政」思想的理論依據。他認爲人的性情本來是善的，都有「惻隱之心」、「羞惡之心」、「辭讓之心」、「是非之心」四端，這是天生的仁、義、禮、智的根苗。只要不爲物慾所累而滿心向善，「人皆可以爲堯舜」。

荀子(約前三一三～前二三八年)，名況，也稱荀卿，趙國人，是戰國後期儒家學派最傑出的代表人物。齊威、宣時期，遊學稷下，曾三爲祭酒。後至楚，春申君以爲蘭陵令。春申君死，荀卿退居著書數萬言而卒。就學派而言，荀子屬於儒家，但他的思想與孔孟有許多不同，甚至截然相反的地方。比如說荀子主張尊王道，舉賢能，與孟子同；而兼稱霸力，法後王，則與孟子異。荀子以儒家思想爲出發點，批判地吸收春秋戰國時期各家的理論，建立自己的思想體繫。荀子否定天命論，宣傳樸素的自然觀，主張「法後王」，以「禮」、「法」、「術」實行有效統治，維護新興地主階級的利益。同時，他反對孟子的「性善論」，主張「性惡論」，強調後天教育和隆禮重法的作用。荀子的禮治思想，已經兼有法治的觀念。後來，法家的代表人物韓非和李斯都是荀子的學生。

「龞」字：此「龞」字鐫刻在孟子故里──山東鄒縣峰山主峰的峭壁上，高十五公尺，寬八公尺，是中國刻石第一大字。

2、墨子和墨家

墨子（約前四六八～前四二〇年），名翟，宋國人，或說魯國人，年代略後於孔子。關於墨翟的生平，司馬遷《史記》並未作專門記敍，僅在《孟子荀卿列傳》末尾簡單提及。可見到尊儒的漢代後，墨家學派已被冷落。墨子出身貧賤，自稱「賤人」。他生活相當儉樸，「量腹而食，度身而衣」，與孔子「食不厭精，膾不厭細」的態度明顯不同。爲實行自己的主張，他四處奔走。曾經爲阻止楚國攻宋，從齊國出發，步行十個晝夜趕到楚都，和儒士駕馬驅車、冠冕堂皇地遊歷的情況形成鮮明的對比。

信奉墨子學說的人稱爲墨者，是個帶有宗教性質的、組織嚴密的集團，其最高領袖稱爲鉅子。鉅子的職位是由前任的鉅子傳給他所認可的賢者。墨者集團有嚴明的紀律，「墨者之法，殺人者死，傷人者刑」，所有的墨者都必須服從鉅子的指揮。據說墨者非常勇敢，並且善於防禦戰，富有「赴火蹈刃，死不旋踵」的死士精神。

墨子的政治主張，既企圖解決人民的生活問題，又想符合當時「王公大人」的政治要求。墨子認爲當時人民最大的問題是「飢者不得食」、「寒者不得衣」、「勞者不得息」，稱爲「三患」。他同時認爲當時

墨子像：墨子的核心學說是「兼相愛，交相利」，政治上主張「尚同」，「尚賢」，認為要針對性選擇合適的方案治理國家，反對宗法等級製度。他是一位思想家，也是一位科學家，著有《墨子》一書。

信陽楚簡：信陽楚簡為戰國初年楚國的簡牘墨蹟。它的內容，由於簡文殘缺，歷來說法不一。此采李學勤說，即《墨子》佚篇。在已發現的戰國楚簡中，墨子殘簡可謂風格非常獨特的作品。其最大特點是構形勻停趨扁方，全部為篆書筆法，橫畫由右上斜聳又轉為向下彎曲，從而使整字顯得平衡；結體相對緊密；章法顯得空靈大度。

「王公大人」的政治要求是「國家之富」、「人民之眾」、「刑政之治」，稱為「三務」。墨子想通過上說下教找出解決「三患」和「三務」的途徑，以解決當時社會上統治與被統治階級間尖銳對立的矛盾。墨子的政治思想和行動，都是以此為出發點的。

首先，墨子從小生產者的利益出發，針對戰國初年「國相攻、家相篡」、「人相賊」的禍亂現實，提出「兼愛」和「非攻」的思想，主張「兼相愛，交相利」，有相應能力的人要用力助人，用財分人，用道教人，使「飢者得食，寒者得衣，勞者得息，亂者得治」，表達出人民的要求和渴望。但這只是從主觀願望出發，是不可能實現。

其次，墨子提出三項積極生產和限製消費的原則：一是「使各從事其所能」，要求各盡所能；二是「凡足以奉給民用則止」，主張所有生活資料只供給到夠用為止；三是「諸加費不加利於民者弗為」，建議凡是對於人民物質生活沒有好處的事情都應禁止。基於這樣的原則，墨子還提出節用、節葬、非樂、非攻的主張。

只有這樣，才能解決人民的「三患」，實現「三務」。再則，墨子主張選賢來管理政治，即「尚賢」政治。墨子反對貴族的世襲特權，認為「官無常貴，而民無終賤」。他甚至覺得應該選舉天下最賢的人立為天子，按次選三公、國君、卿、宰、鄉長、里長，所有的臣民都得無條件服從上級統治，各級長官對下層臣民具有絕對的統治權。

另外，墨子非常重視勞動生產，強調人類必須從事耕織才能取得衣食財物，「賴其力者生，不賴其力者不生」，嚴厲批判「不與其勞，獲其實」的行爲。

墨子熟悉原來出身的階層，注重解決人民的生活問題，能反映貧民百姓的要求，並能對當時統治者的奢侈荒唐行爲進行尖銳的抨擊，這是其思想的進步性。但他過分強調節約，忽視精神生活，過於要求「非樂」，這有違人性的願望和歷史發展的要求。

儒墨之爭

繼孔子創建儒家後，墨家也在魯國建立起來。兩家形成「顯學」，互相論爭，揭開春秋戰國百家爭鳴的序幕。墨子最初師從儒者，但後來他發現儒家的禮節太過繁瑣，便脫離儒家，另創墨派。墨家興起後，發展迅速，人數眾多，有極大的活動能力。由於所代表的社會階層不同，以及由此形成的學術觀點的差異，儒墨兩家經常互相詰難指責。據《呂氏春秋・當染》載，孔子、墨子死後，「從屬彌眾，弟子彌豐，充滿天下」。

儒墨兩家的爭論主要體現在以下幾個方面。其一，「仁愛」和「兼愛」分別是儒墨兩家的代表性理論和核心範疇。儒家的「仁愛」是有差等的愛，即要求以對父母兄弟的愛爲圓心，逐層外推到對宗族、國家和社會的愛。而墨家的兼愛則是無差等的愛，要求人們拋卻血緣和等級差別的觀念，愛人如己。其二，儒家「罕言利」，把重利者視爲「小人」，所謂「小人喻於利」。墨家則認爲義和利是密切聯繫的，「兼相愛」的同時也要「交相利」。這顯然是兩種對立的義利觀。其三，孔子講「天命」，認爲自然界和人的命運都是由天命決定的，所謂「死生由命，富貴在天」，人順天命而行。但他也認爲要盡力去做該做的事，無論成敗，「知其不可而爲之，盡人事然後聽其自然」。墨子主張「非命」，否認儒家的天命論。但也認爲天是有意志的，即「天志」。「天志」能根據人的行爲賞善罰惡，它已不再是神秘莫測的東西，而變爲實現理想的理論工具，其實就是借天言志。這種從「天上」到「人間」的轉化是明顯高於前人的地方。

因此，墨子比孔子更重視發揮人的主觀能動性。其四，孔子對鬼神既沒有明確肯定，也沒有明確否定。他說：「未能事人，焉能事鬼；未知生，焉知死。」基本是採取存而不論、敬而遠之的態度。墨子主張「明鬼」，肯定鬼神的存在。但是應該指出的是，墨子所明的鬼也具有賞善罰惡的能力，其性質與「天志」雷同。墨子這種借鬼言志行爲，也反映出當時社會小生產者力量的薄弱，難免會有借助超自然的力量的空想。其五，儒家講究禮儀，重視「厚葬」、「久喪（三年）」。墨家認爲厚葬久喪勞民傷財，提倡薄葬，不能因喪葬影響社會生產。其六，儒家維護和提倡禮樂製度，前文已經提到，墨子主張「非樂」，反對物質享受，生活只要求能吃飽穿暖，禮儀、藝術等精神生活都沒有存在的必要。

孟子遊說浮雕：由於所代表的階層不同以及學術觀點的差異，儒墨兩家經常互相進行詰難和指責。他們在宣傳各自的主張時，往往會用自己的觀點去否定對方的觀點。

3、老子與道家

道家學派的始祖是老子。老子，姓李名耳，字聃，楚國苦縣厲鄉曲仁里人，曾擔任周王室守藏室的官職，掌管國家圖書，晚年西出函谷關退隱，著《老子》五千言。《老子》亦稱《道德經》，成書略晚於《論語》，共八十一章。《道德經》是道家學派的經典著作。書中以「道」來說明宇宙萬物演變生息的規律，包含著樸素的辯證法思想，主張「絕聖棄智」、「無爲而治」的政治觀點和忘情寡欲的修身方式，這些哲學思想對後世產生深遠的影響。

老子是有極大智慧的古代哲學家。他深入觀察自然萬物變化的情狀，以及古往今來社會發展的關係與因果，所發現事物的矛盾性比任何古代哲學家都更爲廣泛和深刻。老子提出「道」是萬物的本源，它先於天地而生，最終歸於靜止，無聲無形無味，是不可認識的精神性的存在，

老子像：老子是中國先秦時期偉大的思想家，哲學家。老子曾為周「守藏室之史」，後見周朝衰落，社會風氣頹敗，於是棄官歸隱。

老子騎牛出關（雕塑）：老子過函谷關，應關令尹喜之請，寫下《道德經》後，騎青牛出關，飄然而去。

「道可道，非常道。名可名，非常名」。他還將「道」說成是「無」。「天下萬物生於有，有生於無」。這是客觀唯心主義觀點。但是同時也要注意到，老子認爲「道」是混沌的原始的未分化的物質，有物、有象、有精，還循環往復的運動著，這就包含有樸素的唯物主義因素。老子的哲學本體論是矛盾的，所以對唯物主義和唯心主義思想家都有影響。

老子的認識論基本屬於先驗論的範疇。他說「不出戶，知天下；不窺牖，見天道」，相反「其出彌遠，其知彌少」。所以他主張「塞其兌，閉其門」，完全與實踐脫離，只要「致虛極，守靜篤」，就能獲得認識，並且「爲學日益，爲道日損」。老子的這種思想是其愚民政策的依據。

老子已經認識矛盾的辯證性，特別是正反兩面互相轉化的法則，成爲老子學說的精髓。他認爲有無、難

老君岩造像：此像位於福建泉州清源山西峰的老君岩上，由一整塊天然的花崗岩石雕琢而成。老君身披道袍，席地而坐，面部豐潤圓亮，雙眼深邃，雙耳垂肩，臉含笑容，長髯飄動。整座雕像極具神韻，是我國現存最高大的老子石刻像。

老子授經圖：春秋時期的老子，後來被道教徒神化，奉為教主，在中華大地的多元神繫中，佔有重要一席。本圖繪出了老子在松樹下坐在榻上授經的場面。仙風道骨的老子，頗具「天尊」氣度。

孔子見老子畫像石

易、長短、美醜、剛柔、強弱、福禍、生死、智愚等都是互相依存的，「有無相生，難易相成，長短相較，高下相傾，聲音相和，前後相隨。」同時這些矛盾在條件成熟的情況下可以相互轉化。「禍兮福之所倚，福兮禍之所伏。」他認爲「物極必反」，提出「反者道之動」的著名命題，這是對《易經》辯證思想的繼承和發展。但是作爲沒落貴族的代表，老子學說的精神，不是解決矛盾，向前推進，而是要阻止發展，保持原狀甚至向後倒退。他消極地防止事物的充分發展，保持柔弱的地位，避免轉化到反面去。「堅強者死之徒，柔弱者生之徒」，這就是老子以柔弱勝剛強的理論，也反映出他所代表階級日趨沒落和畏懼鬥爭心理。

老子主張「無爲而治」和小國寡民的政治理想。他認爲「民之難治，以其上之有爲」，因此要採取「無爲」的策略來治理國民。其具體內容包括：反對「法治」，反對「尙賢」，反對「禮治」，反對戰爭，反對多徵地稅。春秋戰國時期社會動盪劇烈，人民迫切希望安靜休息，老子的「無爲」、「清虛」和「靜止」思想，也反映出人民渴望和平的願望。爲達到「無爲而治」，老子提出「小國寡民」的設想。他要「使民無知無欲」，「復歸於嬰兒」狀態，企圖回復到「小國寡民」的遠古時代。有器械不用，有舟車不乘，有甲兵不戰，廢除文字，結繩記事，「鄰國相望，雞犬之聲相聞，民至老死不相往來」。

老君像：此像原在臨潼驪山的老君殿，是唐代華清宮朝元閣中的遺物。此老君像正襟危坐在座石上，穿著寬大的道袍，臉部表情溫和，將老子清淨無為的思想展露無遺。

莊子

莊子是繼老子後，道家學派最著名的人物，世稱

「老莊」。莊子（約前三六九～前二八六年），名周，宋國蒙（今河南商丘縣東北）人，曾經做過蒙漆園吏。

莊子的主要思想可以概括爲兩點，即「天道無爲」和人生的絕對自由。莊子繼承老子「天道自然無爲」的思想，並對其消極面加以發揮。莊子認爲「道」是「先天地生」，無始無終，實有卻無形，自然而永恆的，是神秘莫測的。他崇尚自然，宣揚天道無爲，否定人對自然界的作用，強調「知其不可奈何而安之若命」。他把「死生、存亡、窮達、貧富、賢與不肖、毀譽、飢渴、寒暑」等人世與自然現象混淆，認爲「天」、「命」乃是決定萬物的主宰，只可消極順應，聽天由命，最終走向宗教宿命論。莊子的認識論否認事物差別、是非標準和客觀真理，宣稱「以道觀之，物無貴賤」，這就不可避免地陷入虛無主義、絕對懷疑論、不可知論和詭辯論的泥淖。老子主張「任自然」和「無爲」，目的在於效法自然規律來治國處世，最終實現「有爲」。莊子則以「物不勝天」爲中心思想，把「無爲」說成無是非、無成敗、無夢醒、無生死、無空時，世間

夢蝶圖：此圖為元朝劉貫道所繪，取材於「莊周夢蝶」的典故。筆法細利削勁，暈染有致。圖中表現的是炎夏裏，一童子靠著樹根而眠，莊周坦胸仰臥在石榻上，鼾聲不斷，其上方有一對蝴蝶正翩翩飛舞，點明畫題。《夢蝶圖》因文獻著錄中未見，故是否為劉貫道所作還有疑問。

所有皆歸於無；把「任自然」說成不視、不聽、不食、不呼吸，棄絕世事，徹底超脫，回到無人類的世界。他的學說思想，集中表現出戰國社會的消極面。

從政治觀點看，孔子強調「知其不可而爲之」，老子主張「無爲而治」，莊子則提出「不爲」。莊子從老子「無爲」思想出發，得出「無所用天下爲」的「出世」結論。但莊子並未真正忘懷政治，他的著述對於黑暗現實的揭露與批判是非常嚴厲的。可能正是出於對現實政治的無比厭恨，莊子才會選擇消極逃避的道路。

莊子像

莊子的人生理想是追求絕對的精神自由和對現實社會的徹底超脫。他以「齊物我」、「齊生死」的觀念爲基礎，虛構出不受任何條件限製而絕對自由的精神境界，聲稱「至人無己，神人無功，聖人無名」，「若夫乘天地之正，而御六氣之辯，以遊無窮者，彼且惡乎待哉！」他把這種理想的超然物外的「真人」，稱爲「大宗師」。然而現實畢竟不能超脫，精神更無絕對自由，所以他也主張「安時而處順」，「隨俗浮沉」，使哀樂得失無動於心，以追求內心的調和、精神的勝利而獲得現實性的解脫。

以老莊爲代表的道家，是先秦時期和儒家並駕齊驅的重要學術流派，兩家的學術觀點也存在許多對立的地方。儒家注重人事，道家尊崇天道；儒家講求文飾，道家嚮往自然；儒家主張有爲，道家宣導無爲；儒家強調對家國的責任，道家醉心對社會世俗的超脫。但兩家的精神並非全然對立，而是有可以銜接的因素。後世文人就是從儒家的「獨善」思想出發找到與道家合流的門徑。儒道兩家是中國古代社會不可偏廢的兩個重要學說。儒家是明流，它擁護貴賤尊卑的等級製度，使統治者安富尊榮；道家是暗流，它闡明無爲而治的政治法術，使統治者加強權力。同時，儒經和道經也爲歷朝士人所必讀，成爲學術思想的主要源泉，灌溉著封建社會政治、文化的各個方面。

4、法家

法家的先驅人物是齊國的管仲和鄭國的子產，他們主張「法治」，嚴明律令，使民「畏威如疾」。李悝、商鞅、申不害、慎到相繼提出和發展「法」（政令）、「術」（策略）、「勢」（權勢）的思想，至韓非集大成，形成完備的理論體繫。

韓非(約前二八〇～前二三三年)出身韓國的貴族，口吃但善寫文章，與李斯同學於荀卿。秦王嬴政見其書，極爲欣賞，舉兵攻韓，設法將韓非帶回秦國。但不久後，因受李斯的誣陷，韓非下獄自殺。

韓非的政治學說基本上是前期法家思想的結合。韓非觀往者得失變化，認爲必須綜合「法」、「術」、「勢」三派的精華，才能完成帝王霸業。任法派講究法律條文的製定和賞罰的執行。用術派注重對官吏的選拔任用、監督考核、獎賞處罰和駕馭的方法手段。重勢派強調保持和運用國君的權勢地位。韓非主張取長補短，將三者結合使用。他提出要剪除私門勢力，加強君主專製，建立中央集權製度，做到「事在四方，要在中央。聖人執要，四方來效」。韓非的這種君主專製理論是受墨家「尙同」思想的啓示。同時，韓非主張禁止私學，百姓要「以法爲教」，「以吏爲師」，實行文化專製政策。另外他還要求厲行賞罰，獎勵耕戰，謀求國家富強。他說，「明其法禁，必其賞

虎頭形銀飾件：飾件高二·八公分。伊盟杭錦旗阿魯柴登徵集。虎作張口瞪目狀。

罰，盡其地力以多其積，致其民死以堅其城守」，「此必不亡之術也」。

韓非具有進步的歷史觀。他堅決反對儒家的復古思想，主張因時製宜，「不期修古，不法常可」，認為用先王的方法來治理當今的國家，就如同是「守株待兔」，荒唐可笑。但韓非沒有注意到人民的歷史作用，主張對下層百姓實行殘酷鎮壓，引起社會動亂。

韓非像

韓非適應著歷史的發展趨勢，完成專製集權的法治理論體繫，成為中國專製的重要政治思想工具。法學是戰國時期的「顯學」，後來秦始皇幾乎全部採用他的上述主張，成為秦王朝統治天下的政治理論。他的學說對整個中國古代統治和傳統文化有著深遠而複雜的影響。其歷史進化論觀念、嚴刑峻法的主張，成為歷代君主勵精圖治、改革變法的思想武器，具有進步意義，但他的理論重暴力而輕懷柔，任法術而尚功利，信賞必罰，排斥仁愛，容易激化社會矛盾。西漢以後，儒學獨尊，成為正統思想，但法家學說始終被歷代統治者或隱或顯地重用著。「儒法並用」或者說「陽儒陰法」是中國傳統的政治統治方術。

雙聯鞘曲刃青銅劍：夏家店上層文化，劍長五十公分，寬十公分。內蒙赤峰市甯城縣小黑石溝出土。劍刃為曲形，劍鞘為曲形的雙聯鞘，鞘上刻有鏤空的三角形孔。

5、兵家

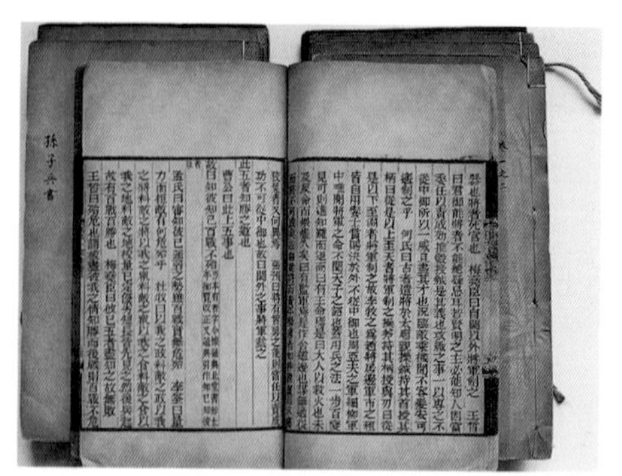

清版《孫子兵法》書影

先秦時期，「國之大事，在祀與戎。」春秋戰國四百餘年間，戰亂四起，出現許多名將，例如樂毅、趙奢、白起、王翦、廉頗、李牧，創造出許多新的戰術和軍事思想，且被總結寫成兵書。比方說吳起的《吳子》、司馬穰苴的《司馬法》、尉繚的《尉繚子》、託名姜尚的《六韜》等，其中最著名的是孫武的《孫子兵法》。

孫武（約前五四七～前四八五年），齊國人，他出身貴族，因齊國內亂，隨父親流亡吳國，隱居郊外躬耕，潛心鑽研兵書。吳王闔閭即位後，注重搜求各種人才，立志稱霸天下。孫武經伍子胥推薦，把自己撰寫的兵法十三篇呈獻給吳王，受到吳王器重。他曾率三萬士兵打敗楚國二十萬大軍，攻進楚國都城。從此，吳國

索漆劍盒：長六十四公分，寬六．四公分，高十．八公分。木胎。呈長方形，由蓋與盒身相扣合而成。通體髹黑漆，中部刻卷雲紋。

「北威齊晉，顯名諸侯」。此後不久，他就辭官歸隱。

《孫子兵法》內容豐富，其核心是對戰略戰術的論述。全書結構嚴謹，具有極強的邏輯性，形成完整的軍事理論體繫，是中國古代軍事思想成熟的標誌。

孫武對戰爭採取慎重的態度。他說：「兵者，國之大事。死生之地，存亡之道，不可不察也。」君王和將領不能輕易興兵，要做到「非利不動，非得不用，非危不戰」。正是由於持這種重兵慎戰的態度，孫武主張要認真全面的研究戰爭的各種因素，「知己知彼」，才能「百戰不殆」。

孫武認爲戰爭必須是正義的，方可取勝，他主張戰爭應該「唯民是保」。戰爭不能以滅國殺人爲目的，要設法通過戰爭達到和平。《謀攻篇》說：「凡用兵之法，全國爲上，破國次之；全軍爲上，破軍次之。」

孫武的軍事哲學含有樸素的唯物主義和豐富的辯證法思想。他認爲戰爭要充分利用自然條件，「順天行誅，因陰陽四時之製」；駐軍要選擇避免背陽潮濕的地方，防止疾病；同時要善於利用水、火等形式進攻敵人。戰爭絕不能依賴任何迷信，只能相信眾人的力量。「成功出於眾者，先知也。先知者，不可取於鬼神，不可象於事，不可驗於度。」

他認爲世界上任何事物都是發展變化的，所謂「兵無常勢，水無常形」，優秀的將帥要能夠「因敵變化而取勝」，因此將在外可「君命有所不受」。治亂、勇怯、強弱的矛盾對立都是可以轉化的，「亂生於治，怯生於勇，弱生於強」。他提出許多帶有辯證色彩的作戰原則和方法。如「因利而製權」、「與敵變化」、

孫武塑像

「智者之慮，必雜於利害」等。

春秋戰國時期，作戰重信義、講禮節的傳統已被破壞，「詭詐」或者說「智謀」成爲用兵的核心。孫武說，「兵者，詭道也」，「兵以詐立」。他的這種思想集中體現在所謂的「詭道十二法」中，即「能而示之不能，用而示之不用，近而示之遠，遠而示之近，利而誘之，亂而取之，實而備之，強而避之，怒而撓之，卑而驕之，佚而勞之，親而離之。攻其無備，出其不意。」這是對春秋戰國軍事謀略史的深刻總結。

6、名家

名家是一個探討「名實關系「的學派，在戰國社會大變革的時代，許多禮法名存實亡，出現了名不副實的現象，名家的出現也就成爲必然。其代表人物主要是公孫龍和惠施。

公孫龍（前三二〇～前二五〇年），戰國時期趙國人，曾經做過平原君的門客，其主要著作爲《公孫龍子》，其中最重要的兩篇是《白馬論》和《堅白論》，提出了「白馬非馬」說和「堅白石論」。

當時趙國一帶的馬出現了傳染病，秦國爲了防止本國的馬匹受到感染，就在函谷關口貼出告示：凡是趙國的馬都不能入關。這一天，公孫龍騎著白馬想要入關，關吏對他說：「你可以進入，但是你的馬不行。」公孫龍便說：「白馬非馬，怎麼不能入關呢？」關吏說：「白馬是馬。」公孫龍辯解說：「我公孫龍是龍嗎？」關吏不知道該怎麼回答，但還是不同意讓他的馬入關。公孫龍是一個善於辯論的人，他於是就對關吏說：「馬是指名稱而言，名稱和顏色不是一個概念。」關吏聽了他的話更加糊塗了，最後只好讓他和他的白馬都入關了。公孫龍的「白馬非馬」說是中國古代思想史上的一個著名命

渦紋玉璧：戰國，一九九九年，杭州半山石塘第12號墩出土。

題。公孫龍認爲，事物和概念都是有差別的，所以概念和概念之間也是絕對沒有聯繫的。「白馬」與「馬」這兩個概念不同，因此，它們之間毫無聯繫，從而得出「白馬」不是「馬」的結論。事實上，公孫龍看到了個別和一般、共性和個性之間的矛盾，但他否認了個別存在與一般之中，比較強調事物相異的方面，也就違背了客觀實際，最終陷入了詭辯論。

堅白石論是指一塊「堅白石」是由堅、白、石三個部分構成。但是，公孫龍認爲「堅」是石頭的特性，「白」是石頭的顏色。眼睛看到的這塊石頭是白色的，手觸摸到的這塊石頭才知到它是堅硬的；白色由視覺而得，堅硬由觸覺而來，堅與白不能同時被認知。因此，公孫龍認爲，就一塊堅白石而言，人不可能同時認識到其中三個組成要素，而只能是堅石或者白石。這一學說看到了事物之間的差異，這是其進步方面。但卻否認了它們之間的聯繫，這種辯證思想還是不成熟。

瑪瑙珠串：戰國，一九九九年，杭州半山石塘第二十七號墩出土。

惠施（前三九〇～前三一七年）戰國時期宋國人。他說：「大同而與小同異，此之謂小同異；萬物畢同畢異，此之謂大同異。」即「畢同畢異」說，這種說法認爲事物都有相同之處，同時又有差別。事物的相同和差別是相對的，它們同處於統一體之中。然而惠施特別強調事物差別是相對的，相同才是絕對的。

7、陰陽家

陰陽家是探討陰陽五行關系的一個學派，以齊國的鄒衍爲代表。這一學派將陰、陽看做是事物內部的兩種互相消長的協調力量，認爲它是孕育天地萬物的生成法則。鄒衍認爲水、木、金、火、土就是五德，五德相互更替，周而復始，這就是他的「五德終始說」。他用這種學說來解釋朝代的變遷，後來，皇朝的最高統治者常常自稱「奉天承運」，當中所謂「承運」就是五德終始說的「德」運。這

神獸紋劍飾：戰國（前四七六～前二二一年），一九九九年杭州半山石塘第24號墩出土。

一學說在客觀上迎合了戰國後期各國君主實現統一的願望，爲他們提供了統一天下的理論依據。秦始皇統一六國後，根據鄒衍「水德代周而行」的論斷，認爲秦屬於水德，而周是火德，因此，秦代周是歷史的必然。秦始皇也因此成爲「五德終始」說的第一個實踐者。

8、百家爭鳴

春秋戰國是中國文化史上思想異常活躍、學術空前繁榮的時代，諸子百家聚徒講學、著書立說，就天道人事、禮法倫理等問題展開激烈的詰難辯論，形成學派蜂起、百家爭鳴的局面。比如說，孟子就對他以前的諸家學說多有批判，他既批判楊朱的利己主義，也批判墨子的利他思想，而盛讚儒家的中庸哲學。墨子也嚴厲批判其他各派，而抨擊最激烈的便是儒學，這集中反映在「節用」、「節葬」、「非樂」、「非命」、「非儒」等篇。崇尚無爲的道家同樣與別家展開旗幟鮮明的爭辯。《莊子・天下》推崇莊周學派的理論是當時學術的高峰，並且由遠及近地列舉墨子、宋鈃、尹文、彭蒙、田駢、慎到、關尹、老聃諸家學說，在肯定諸家的某些方面後，均對其加以必要的批判，甚至苛刻地指出惠施學派的理論是最片面狹隘、違背大道的奇談怪論。正是由於百家在爭鳴中相互影響，重新

是由於百家在爭鳴中相互影響，重新解構，共同發展，才營造出春秋戰國時期思想界的繁榮景象，有力地推動著中國古代文化學術的發展。

百家爭鳴的出現是春秋戰國時期社會進步的重要標誌，它引發古代中國思想界認識領域的空前的、全面的活躍，並且開拓許多新的認識領域，開啓前所未有的新思路，將長期積累起來的思想認識上升爲理論，形成中華民族特有的思維模式。「百家」思想對後來整個傳統社會的政治思想體繫和社會生活有著深刻影響。直到近代西方思想傳入中國以前，這些學派的思想不斷地爲後來者所繼承和發展。綜觀中國古代思想文化史，除佛學外，鮮有能夠超出「百家」思想體繫的範疇而創立新的學術體繫。可以說，百家爭鳴時期思想家的認識總合，奠定整個中國傳統文化的發展方向和基本精神。文化史家常借用德國學者雅斯貝爾斯的概念，將春秋戰國稱爲中國文化的「軸心時代」。

春秋戰國時期，孔子、墨子等思想家均通過聚徒講學、著書立說，宣傳自己的主張，從而形成了「百家爭鳴」的局面。圖為「荀子講學圖」。

中國文學由原始社會萌芽狀態的口頭創作開始起步，經過漫長的發

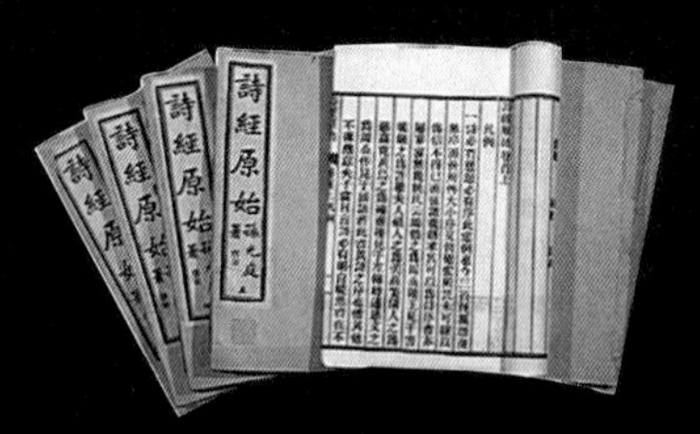

第四章

絢爛多姿的文學藝術

展過程，終於在春秋戰國時期，結出了豐碩的果實。這時期的文學成就主要集中在詩歌和散文領域。當時的文學尚處於童年階段，創作無固定模式可循，這就給文人的探索和創新提供了機會和壓力。同時，以往由官府壟斷學術文化的局面被打破，諸家各派，競相湧現，形成文壇百花爭奇鬥妍的嶄新氣象。中國文學的許多文學元素都濫觴於先秦，以致有「文必先秦」、「文體皆備於戰國」的讚譽。

1、《詩經》

中國最早的詩歌總集—《詩經》，共收入自西周初年至春秋中葉大約五百多年的詩歌三百〇五篇，另有「笙詩」，有目無辭，疑是後人妄加的。據說《詩經》按所配樂曲的性質，可分成風、雅、頌三類：「風」包括周南、召南、邶、鄘王、鄭、齊、魏、唐、秦、陳、檜、曹、豳等十五國風，多是黃河流域的民歌，少數是貴族加工的作品，共一百六十篇；「雅」基本上是貴族的作品，包括小雅和大雅，共一百〇五篇；「頌」是宮廷用於宗廟祭祀的樂歌，包括「周頌」、「魯頌」、「商頌」，有詩四十篇。總的說來，這些作品產生於黃河流域（僅有少數產生於漢水流域）。其中既有宮廷、官府的創作，也有經官方音樂機構蒐集整理的民間創作。它反映出黃河流域文化，尤其是周文化的特點，注重理智和實際，感情略顯克製，道德和政治色彩濃厚。

關於《詩經》的結集，漢代學者有采詩的說法。班固說，周代設有采詩官「行人」，春季「行人」手搖木鈴，沿路采詩，然後獻給掌管的太師，比定音律，再唱給天子聽，反映民情。

《詩經》三百篇的韻部繫統和用韻規律基本相符，形式也多是整齊的四言詩，包括的地域極廣。在古代交通不便、語言互異的情況下，若非經過有意識、有目的的採集和整理，恐怕是無法完成這樣體繫完整、內容豐富的詩歌總集。因此可以推測認

孔子不仕退修詩書圖雖然孔子滿懷改良時政、復興周禮的政治抱負，但始終都得不到實現，於是轉而致力於講學和著述。孔子將從西周開始至春秋中期流傳下來的三千多首古詩進行了刪訂，編輯成集，即為流傳下來的《詩經》。

爲，《詩經》應當是周王朝經過諸侯各國的協助，進行採集，然後命樂師整理、編纂而成的。當然僅是「國風」和「小雅」的部分詩歌如此，多數雅詩和頌詩可能是公卿列士所獻的詩。統治階級採集詩歌的目的，除用以教育子弟、祭祀和娛樂外，還有就是考察民情，鞏固統治，所謂「王者所以觀風俗，知得失，自考正也」。司馬遷等人認爲《詩經》三百篇是經孔子刪訂而成的。從史料分析，孔子可能整理過《詩經》的樂章，使「雅、頌各得其所」，同時對《詩經》的保存和流傳做出過貢獻，但說他刪訂《詩經》，恐非史實。

《詩經》在先秦典籍中只稱爲「詩」或「詩三百」，漢代學者將其奉爲經典，才稱作《詩經》。《詩經》雖遭秦火焚毀，但由於學者的諷

《詩經》書影

誦，至漢復得流傳。當時傳授《詩經》的有三家：齊人轅固生、魯人申培公、燕人韓嬰。西漢毛亨、毛萇注釋《詩經》，事實多聯繫《左傳》，訓詁多同於《爾雅》，稱為古文，前三家則稱今文。自東漢末年，儒學大師鄭玄為毛詩作箋，學習毛詩的人逐漸增多，其後三家詩亡，獨有毛詩得以流傳。

風、雅、頌

《詩經》是周初至春秋中葉社會生活面貌的形象描繪，其中有先祖創業的頌歌，祭祀鬼神的樂章，也有貴族間宴飲交往的記錄，更有反映勞動、打獵、戀愛、婚姻和社會習俗方面的動人篇章。

雅詩和頌詩都是統治階級在特定場合所用的樂歌。三十一篇「周頌」是西周初年周王朝祭祀宗廟的歌曲，具有濃厚的宗教氣氛，所謂「美盛德之形容，以其成功，告於神明者也」。它用板滯的形式和典雅的語言，歌頌周王朝祖先的功德。「周頌」也有些春夏祈穀、秋冬報賽這類答謝神佑的祭歌，其中涉及當時農業生產的情況和規模，是今人探討西周初年農業生產和人民生活的重要史料。「魯頌」、「商頌」是春秋前期魯國和宋國用於朝廷、宗廟的樂章，多是宗廟的祭歌。由於它的時代較晚，創作上受雅詩影響，文學技巧比起「周頌」要進步許多。但其時社會已略顯凋敝，詩中所述近於阿諛浮誇，「褒美失實」，「開西漢揚馬先聲」，是這些廟堂文學的實質和通病。

雅詩何以有大小之分，向來眾說紛紜。清代惠士奇《詩說》謂雅詩依音律分為大小，應當說這是有道理的。「大雅」的多數和「小雅」的少數篇章，和「周頌」相同，都產生於周初社會景象比較繁榮的時期，以適應統治階級歌頌太平的需要。只是由於它們主要是統治階級朝會宴饗時用的，未必會配合舞蹈歌唱，因此內容由單純對祖先與神的頌揚，開始注意對社會生活，主要是對統治階級生活的描寫。值得注意的是，周初的雅詩除極力宣揚神權、君權至上外，常含有教訓規諫的意義。隨著周初社會生產力的發展和王朝統治地位的鞏固，統治階級的生活也日趨腐朽，《詩經》的寫實性日漸凸顯出來，既有敍述自周始祖后稷建國至武王滅商的詩篇，又有暴露統治者放肆和虛僞的描述。

「小雅」的絕大部分和「大雅」的少數篇章是在周室衰微到平王東遷的歷史背景下產生的。這些雅詩的作者對現實有清醒的認識，批判當權者的昏庸腐朽，表現出詩人對國家前途和人民命運的關心，其創作也因此具有較爲深刻的社會內容。這時期的雅詩較周初的頌詩和雅詩篇幅有所增長，句法整齊，語氣通暢，沒有周初頌詩的板滯沉重和雅詩的宗教神秘色彩。敍事單純，比喻生動，偏重於抒情，有強烈的形象性和感染力。

「國風」是《詩經》中的精華，是中國古代文藝寶庫中晶瑩的珠寶。「國風」中的周代民歌以鮮明的畫面，反映著勞動人民的生活處境，表達出平民百姓對剝削壓迫的控訴和追求婚姻幸福、爭取美好生活的信念，是中國最早的現實主義詩篇。古代貧民百姓長期參加生產勞動和社會鬥爭，逐漸養成敏銳的觀察力，累積下豐富的知識。他們具有以質樸的語言描摹事物和以簡樸的生活畫面反映社會現實的才能。這種現實主義創作方法在「國風」中得到高度的體現，並成爲其顯著的藝術特點。《七月》

唐風圖（局部之一、二）：此圖為南宋馬和之所繪，取材於《詩經唐風》，繪有自《蟋蟀》至《采苓》的詩意畫共十段。

豳風圖之《縫衣圖》：「豳風」是指今陝西及鄰近地區的民風民俗。《縫衣圖》描繪了幾位仕女憑案圍坐，手中正飛針走線，忙著縫製衣服。

以素描的手法把農奴被壓迫被剝削的處境生動地呈現給讀者。《黃鳥》以殉葬爲題材，通過對殉葬者深切的同情和惋惜來抗議這種暴行。《氓》以女主人被遺棄的可憐遭遇、萬分悔恨的傾訴和毅然決絕的態度，道出當時社會製度的罪惡。「國風」的語言準確、優美，富於形象性。《詩經》的這種語言特點，並非苦心營造出來的，而是貧民百姓對事物細緻觀察後的自然流露，沒有矯揉造作的痕跡。

特色和影響

《詩經》是中國詩史輝煌的起點，它的特色和影響，主要表現爲—

一、《詩經》是以抒情詩爲主流的。與《詩

經》基本同時代的古希臘荷馬史詩，則完全是敘事詩。正如荷馬史詩奠定西方文學以敘事傳統爲主的發展方向，《詩經》也開啓中國文學以抒情傳統爲主的發展方向。以後以抒情詩爲主的詩歌，成爲中國文學的主要樣式。

豳風圖之《八月剝棗》：此圖描繪幾位農婦正在打棗的情景，人物有老有少，姿態有動有靜，情趣盎然。

二、《詩經》除極少數篇章外，完全是反映現實的人間世界和日常生活，幾乎沒有虛構出的超越人間的神話世界，所講的是關於政治風波、春耕秋穫、男女情愛的悲歡哀樂。這是整個中國古代文化重現實性的表現。

三、《詩經》在表現個人感情時，顯得較爲克製與平和，由此使得抒情常帶憂傷、雋永和細膩的特點。這個特點也深刻地影響到中國後來的詩歌。

四、《詩經》的基本句式是四言，間或雜有二言直至九言，音律平穩。同時，《詩經》常採用疊章的形式以及雙聲、疊韻的辭彙，藉以強化感情的抒發和獲得聲韻上的美感。

五、《詩經》運用許多賦、比、興的表現手法，加強作品的形象性。按朱熹《詩集傳》的解釋，「賦」是「敷陳其事而直言之」，即陳述；「比」是「以彼物比此物」，即比喻；「興」是「先言他物以引起所詠之辭」，即借助其他事物爲所詠的內容作鋪墊。

賦、比、興被稱作《詩經》的三緯，並與風、雅、頌合稱爲《詩經》的六藝，這種謀篇方法的成熟運用是詩經最突出的藝術特色。《詩經》是中國韻文的源頭，是中國詩史的光輝起點。

2、散文

散文是文字出現後最適於實用的文學形式。殷商以來，就有甲骨的契刻文和竹木簡的記載。到西周時，金屬範鑄的銘文得到更好地發展。春秋戰國時期隨著社會的急遽變化，尤其是「士」這個新的社會階層的形成，散文開始進入蓬勃發展的黃金時代。由於當時文、史、哲尚無明確分工，這些散文雖是歷史哲學著作，同時也是優秀的文學作品。

中國散文正式形成的真正標誌是《尚書》。《尚書》意爲「上古之書」，是中國上古歷史檔和部分追述古代事蹟作品的彙編。春秋戰國時稱《書》，到漢代，才改稱《尚書》，後被儒家尊爲經典，名曰《書經》。關於《尚書》的編訂年代，有人說爲孔子所編，近代學者大都認爲《尚書》編訂於戰國時期。秦始皇焚書後，《尚書》多殘缺。漢初，《尚書》存二十九篇，用漢代流行的隸書抄寫，稱爲今文《尚書》。西漢前期，發現用先秦文字寫成的《尚書》，稱爲古文《尚書》。它比今文《尚書》多十六篇。《尚書》比喻貼切、生動，具有形象性，敍事清晰，而且能表達出人物的情感口吻，寫得相當傳神。比起商和周初的文字，要流暢得多。同時，那些發表辭令的人，多是統治者，故具有居高臨下的氣勢。但由於《尚書》所用語言同後來使用的古漢語差異較大，加以年代久遠，傳寫訛誤，十分艱澀難讀。

歷史散文

這時期的散文可以分爲兩類，即豐富生動的歷史散文和百花齊放的諸子散文。歷史散文的主要內容是記載各國卿大夫和新興階層——士的言論以及諸侯各國的政治、外交和軍事

《尚書》書影：《尚書》中主要記載了商、周兩代統治者的一些講話紀錄，具有很重要的文獻價值。自漢之後，《尚書》一直被視為社會的政治哲學經典，既是帝王的教科書，又是貴族官僚、士大夫必遵的「大經大法」，在歷史上有重要影響。

活動。早期出現的歷史散文是《春秋》，它還只是簡單的以年紀事的歷史綱要。《春秋》是現存的中國第一部編年體史書，是關於魯國的編年史。這種編年史，周王朝和諸侯各國都有，雖然內容不同，但多都稱爲「春秋」。現今流傳的魯《春秋》是經過孔子修訂的。

《春秋》書影：《春秋》一書極其簡括地記載了魯隱西元年至魯哀公十四年（前七二二～前四八一年）周王朝、魯國和其他各國的事件。

隨著周室衰落，諸侯爭霸，戰亂迭起，外族侵擾。孔子想借《春秋》的謹嚴書法，表達他主張尊王攘夷，正名定分，維護周朝的最高統治權的政治主張。歷史上有所謂「春秋筆法」之說。《春秋》用字準確，選詞嚴謹，雖然記事簡單，看似純客觀的敍述，但實際上它暗含褒貶，展現著作者思想傾向，能給讀者以深刻的影響。於是後世便把這種文筆曲折、微言大義，帶有傾向性的文字表達方式稱爲「春秋筆法」。史學家從中領悟到修史應該有嚴格而明確的傾向性，文學家體會到遣詞造句力求簡潔而義蘊深刻。當然，刻意求深，也難免造成文意晦澀的弊病。

《春秋》記事，過於簡略，後來出現以《春秋》爲綱的「三傳」──《公羊傳》、《穀梁傳》和《左傳》爲其進行解說和補充，其中以《左傳》內容最翔實。

《左傳》是《春秋左氏傳》的簡稱是配合《春秋》的編年史，他補充記載許多《春秋》忽略的佚聞瑣事，記事至魯哀公二十七年（前四六八年），並敘述了魯悼四年（前四六四年）的事。關於《左傳》的作者，史上的說法歷來不一，通常都認同司馬遷和班固的觀點，即充分掌握春秋時代諸侯各國史料的左丘明。

《左傳》豐富多采，內容涉及春秋列國的政治，外交、軍事各方面的活動和有關言論，以及天道、鬼神、災祥、卜筮、占夢等諸多事宜。從思想內容看，《左傳》實事求是地概括春秋和戰國初期豐富的歷史內容，突破天命的觀念，體現出民本的思想。從文學角度看，首先，《左傳》敍事具有故事性和戲劇性，情節的發展出人意料，場面生動，引人入勝。它總是能抓住故事的重要環節或有典型意義的部分來著重地敍述或描寫，特別是對那些內容複雜的事件，選材佈局極爲恰當，注重各種事件的時空聯繫，結構嚴密、脈絡貫通。比如寫晉公子重耳的流亡經過以及晉靈公與趙盾的鬥爭。其次，人物刻畫生動鮮明。心胸豁達的齊桓公、精幹老練的晉文公、機智幽默的晏嬰、寬厚仁慈的趙盾等，莫不形象生動，躍然於紙上。再則，善於描寫戰爭場面。在敍述戰鬥的過程中，情節曲折細膩，生動真切，波瀾起伏，使讀者產生身臨其境的感覺。最後，《左傳》的文學成就還表現在行人辭令上。行人即外交官。

春秋時期，外交活動頻繁，銳利巧妙的辭令能在外交場合維護國家的利益和尊嚴。《左傳》的語言簡而精，曲而達，婉而有致，罕譬而喻，富於形象性。例如「邢遷如歸，衛國忘亡」、「室如懸磬，野無青草」。

春秋戰國時期的歷史散文，除《左傳》外，還有《國語》、《戰國策》以及汲縣古墓出土的《穆天子傳》和秦漢間編定成冊的《晏子春秋》。

《國語》是中國古代最早的國別史，全書共二十一卷，分別記載西周末年至戰國初年（約前九六七～前四五三年）周、魯、齊、晉、鄭、楚、吳、越八國的歷史，主要是記言，故名爲《國語》。司馬遷在《史記・太史公自序》中說：「左丘失明，厥有《國語》。」從此許多人都認爲《國語》是左丘明所作。但分析《國語》的內容，可以推斷《國語》可能是左丘明作爲瞽史記誦古事，由後人整理再依託他的名義成書的。

《國語》的歷史價值遠不及《左傳》。它對史實採取重點節錄的辦法，總結經驗教訓，供執政者參考，而不注意是否忠於歷史的實際發展情況。從文學上的成就說也要遜色於《左傳》，比如描寫長勺之戰時，《左傳》簡練而姿態有神，《國語》則平庸而枯槁乏味。但《國語》也有自己明顯的藝術特色。一是長於記言。《晉語》載重耳和子犯二人對話，幽默生動，如在眼前；《越語》載越王勾踐與范蠡的問答多用韻語，別具特色。二是虛構故事情節。如《晉語》所記驪姬深夜向晉獻公進讒的故事，早在秦漢時期就被人質疑。唐人柳宗元曾說《國語》是「務富文采，不顧事實」，但這也是對《國語》文學成就的肯定。另外，《吳語》和《越語》風格較爲特殊，它以吳越爭霸和勾踐報仇雪恥爲中心內容，寫得生動傳神、扣人心弦，宛如後世小說筆法。簡稱，是配合《春秋》的編年史，它補充記載許多《春秋》忽略的佚聞瑣事，記事至魯哀公二十七年（前四六八年），並敍述了魯悼公四年(前四六四年)的事。

《戰國策》是記錄戰國時代遊說士人進行策略活動的史書，內容涉及周、秦、齊、楚、趙、魏、韓、燕、宋、衛、中山諸國。它上接春秋，下至秦並六國。全書共三十三篇，按國別劃分，以記言爲主。《戰國策》又名《國策》、《國事》、《短長》、《事語》或《長書》。其作者已不可考，可能是秦漢間人雜采各國史料編纂而成。後經西漢劉向重加整理，定名爲《戰國策》。《戰國策》基本內容是戰國時代謀臣策士縱橫捭闔的競爭及其有關的謀議或說辭，主要反映的是縱橫家的思想和觀點。它允許朝秦暮楚、背主求榮，忠、義、智、信可以拋棄，凡事要以成就功名利祿爲標準。這種觀點爲儒家所唾棄，但在群雄逐鹿的戰國時代，卻能被統治者所接受。

《戰國策》長於說事，富有文采。與《左傳》相比，《戰國策》的語言更爲明快流暢，縱恣多變，渲染盡情。無論個人陳述或雙方辯論，都常使用鋪排和誇張的手法，絢麗多姿的辭藻，呈現酣暢淋漓的氣勢，以增強論者的說服力。語言已不再僅用作說明事實和道理的工具，也是打動聽者感情的手段。如蘇秦說趙王，張儀說秦王，司馬錯論伐蜀等，都是顯著的事例。其二，《戰國策》描寫人物的性格和活動，具體細膩、形象生動。如《齊策》將馮諼的有膽識、有策略、有手段，同時恃才自傲、多辭善辯的「奇士」風采，表現得淋漓盡致。再如《秦策》描寫蘇秦說秦不行和相趙歸家，前後頹喪和得意的情狀，以及庸俗的世態人情，都表現得栩栩如生。特別是《燕策》描寫易水送別情景，把荊軻怒髮衝冠、沉毅勇決的英雄形象極其生動地刻畫出來。歷史上也由此留下「燕趙多慷慨悲歌之士」的美名。

第三，《戰國策》所記的策士說辭，常運用巧妙生動的譬喻。這些寓言形象鮮明、寓意深刻，是中國文學寶庫中璀璨的明珠。如江乙以狐假虎威對楚宣王，蘇代以鷸蚌相持說趙惠王，蘇秦以桃梗和土偶諫孟嘗君，莊辛籍蜻蛉、黃雀諫楚襄王，雖淺顯易懂，但別開生面，惟妙惟肖。

《戰國策》語言清新流麗，描寫細膩準確，辯論富有氣勢，刻畫的人物形象極爲生動，是先秦時期文學色彩最爲濃厚的歷史散文。《左傳》、《國語》、《戰國策》的相繼出現，標誌著成熟的歷史散文已經逐步形成，它對後世歷史書籍和敍事散文的寫作有極其深遠的影響。

諸子散文

諸子散文從春秋中葉開始出現，到戰國時期呈現出繁榮景象。當時文壇百家爭鳴、處士橫議，各家文章暢所欲言，各抒己見，對政治、哲學、倫理等社會問題進行討論，形成活潑鮮明的文風。據《漢書・藝文志》，先秦諸子的學術流派有儒、道、陰陽、法、名、墨、縱橫、農、雜、小說十家。其中最重要的是儒家、墨家、道家和法家。這時期的諸子散文的可以分爲三個發展階段：第一階段是《論語》和《墨子》，都是早期的私人著述，前者純用語錄體形式，後者則是語錄體中間雜有對話式的論辯文。第二階段是《孟子》和《莊子》，後者除少數幾篇外，幾乎完全突破語錄的形式而由對話體發展爲論點集中的專題議論文。第三階段是

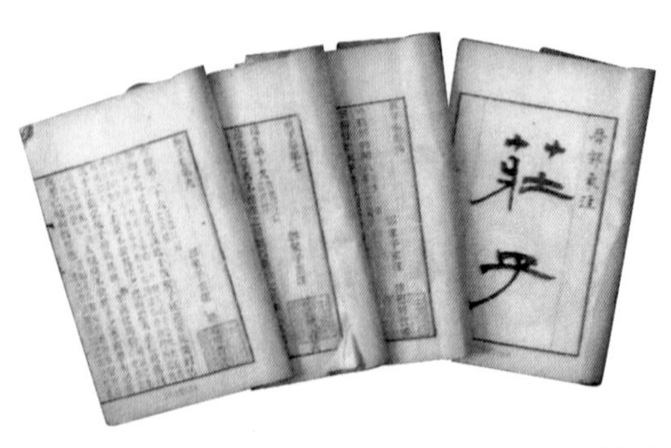

《莊子》書影：在諸子散文中，《莊子》的藝術成就最受人推崇，魯迅在《漢文學史綱要》一書中曾稱讚此書：「其文則汪洋辟闔，儀態萬方，晚周諸子之作，莫能先也。」

《荀子》和《韓非子》，它們不再是後學的追憶錄或學術流派的集體著作，而是學者個人的文集，標誌著先秦哲理散文的完全成熟。

《論語》是孔子思想和言行的集中反映，共二十篇。它是中國語錄體散文的濫觴。但全書比較散亂，沒有繫統的組織，先後順序沒有嚴格的準則。其中多半是簡短的談話和問答。文章多是直接發表觀點，具體的闡發和論證較少，但語言簡潔雋永，雍容和順，內斂含蓄，用意深遠。由於孔丘對現實社會生活有深刻的認識，《論語》中頗多言簡意賅、富於哲理性和啓發性的語句。比如「學而不思則罔，思而不學則殆」，「歲寒然後知松柏之後凋也」，「三人行必有我師焉」。《論語》雖語言簡短，但感情豐富。既有稱讚顏回的情真意切，又有斥責季氏斂財的滿腔憤怒，當然還有對遠方朋友到來的歡迎和喜悅。《論語》還有個特點，就是通過簡單的對話和行動來顯示人物的性格。例如《先進》篇中，弟子們各言其志時，子路的直率、冉有的謙遜、公西華的善辯、曾皙的灑脫，以及《微子》篇長沮、桀溺、丈人遺世傲慢的隱逸形象，都寫得生動傳神。

《墨子》書影

《墨子》是墨翟門人所記整理而成的，是墨家學派的總集。現存十五卷，共五十三篇。《墨子》有所謂的「十論」，包括《尙賢》、《尙同》、《兼愛》、《非攻》、《節用》、《節葬》、《天志》、《明鬼》、《非樂》、《非命》，是《墨子》書中的主要部分，代表著墨家學派的主要哲學思想和社會政治主張。由於後來墨家分爲三派，對墨子學說各有記錄和理解，分別成書，故「十論」分上、中、下，其內容稍有差異。《墨子》十論雖具有記言性質，但每篇有明確的論題，文章圍繞中心，深入展開論述，層次清晰，內容充實。全書各篇目的觀點相互聯繫，形

馬王堆帛書《老子》：一九七三年湖南長沙馬王堆3號漢墓出土。對於研究秦漢時期漢字書法的發展、隸書字體的逐步成熟有獨特的價值。

成比較完整的思想體繫，是中國論辯文的雛形。墨子反對沒有實用的修飾與文采，強調有切實的內容。他的文章質樸無華，但邏輯性很強，能夠自覺運用察類明故的邏輯方法進行論述，論辯色彩濃厚，對中國辯論文的發展有著特殊的影響。同時，《墨子》經常用譬喻類比的手法增強文章的生動性，將深刻的道理形象地呈現在嚴密的邏輯論述中，使文章具有無可辯駁的力量。

先秦諸子散文中，以《孟子》與《莊子》的文學性最強。《孟子》散文的特點是氣勢充沛，感情強烈，筆帶鋒芒，銳氣逼人，富於鼓動性，頗有橫行無阻的氣概。這是孟子驕傲自負，鋒芒畢露，動輒與人言辭交鋒的性格使然。它與《論語》那種迂徐婉轉的風格形成強烈的對比。以《滕文公上》「許行」爲例，孟子首先詢問許行生活資料的來源，證明社會分工的必要，再列舉堯、舜、禹、稷所以無暇躬耕的原因，充分揭露許行觀點的荒謬，顯示出高超的論辯技巧。另如《梁惠王下》記載，孟子用層層追問、步步逼緊的方法進行論戰，竟弄得齊宣王只好「顧左右而言他」。

《孟子》的文學性，還表現在它善於用寓言故事說理。用「弈秋誨弈」說明「不專心致志則不得也」，用「揠苗助長」說明養浩然正氣不能急於求成，用「五十步笑百步」說明事物性質沒發生改變的道理。《離婁下》講述了一個恬不知恥的騙子的故事。文字雖短，但寫得簡練生動，情節曲折，人物形象鮮明。尤其是故事的結尾，人物內在品格的猥瑣與外表的莊嚴自足，形成強烈的反差，達到尖銳的諷刺效果，可以看作是後世短篇小說的雛形。

《孟子》的散文對後世有深遠的影響。它善於用文學手段達到實用目的，在說理中表達個人感情，主張以文載道，成爲後世唐宋古文家絕好的典範。

《莊子》是先秦道家學派的重要著作。《漢書・藝文志》載，《莊子》共五十二篇，現存三十三篇。後世以《逍遙遊》至《應帝王》七篇爲內篇，《駢拇》至《知北遊》十五篇爲外篇，《庚桑楚》至《天下》十一篇爲雜篇。

現多認爲內篇是莊子本人所作，餘者則爲莊子後學所作。《莊子》這部哲學著作，充滿著濃厚的文學色彩。其文章體製已經脫離語錄體的形式，標誌著先秦散文已經發展到成熟的階段。它代表著先秦散文的最高成就。

《莊子》一書具有獨特的風格。首先，它吸收神話創作的精神，採用並虛構許多寓言故事，作爲論證的根據，想像奇譎，汪洋恣肆，最富浪漫主義色彩。《逍遙遊》、《人間世》、《德允符》、《大宗師》等多是由寓言、神話、虛構的人物故事聯綴而成。例如《逍遙遊》寫到：「藐姑射之山，有神人居焉。肌膚若冰雪，淖約若處子；不食五穀，吸風飲露；乘雲氣，御飛龍，而遊乎四海之外；其神凝，使物不疵癘而年穀熟。」再如：「北冥有魚，其名爲鯤。鯤之大，不知其幾千里也。化而爲鳥，其名爲鵬。鵬之背，不知其幾千里也。怒而飛，其翼若垂天之雲。是鳥也，海運則將徙於南冥。南冥者，天池也。《齊諧》者，志怪者也。《諧》之言曰：『鵬之徙於南冥也，水擊三千里，摶扶搖而上者九萬里，去以六月息者也。』」書中這類奇異生動的形象不勝枚舉，令讀者神思飛揚。

其次，戰國時期的文章都有運用寓言的特點。《莊子》更是由於接受民間寓言故事的影響，大量地採用寓言故事說明事理，可謂「寓言十九」，如《則陽》篇寫蝸牛的兩角上居住著觸、蠻二國，兩國「爭地而戰，伏屍數萬，逐北，旬有五日而後反」。以此來諷刺諸侯國的混戰。再如以〈庖丁解牛〉比喻養生要順其自然，以〈痀僂承蜩〉比喻做事應「專心致志」，以〈匠石運斤〉比喻知音難遇的感慨，這都是用生動的寓言故事來闡明深刻的哲學思想。同時，莊子筆下的萬物都有思

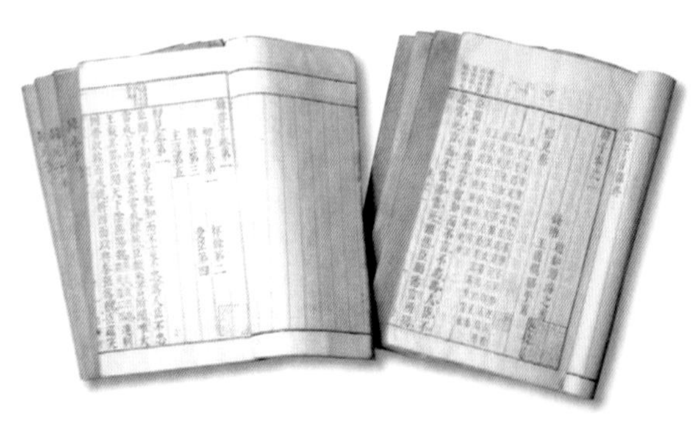

《韓非子》書影：《韓非子》一書代表了先秦論說文結體的最高成就。文中用語激切淩厲，宣揚了法家以法、術、勢治國的觀點。

想，能說話辯論，使邏輯思維的理論文更加形象化。

另外，莊周的散文語言也極爲生動，文中多用韻，聲調鏗鏘，讀來有和諧的節奏感，是古典散文中罕有倫比的精美文章。

《荀子》有三十二篇，多爲荀況所作。《荀子》論理透徹，層次清晰，行文精煉，辭采繽紛，論點明確，每篇都是深刻有力的論說文。《荀子》散文最重要的特色是把生動的比喻和嚴密的邏輯論述完美地結合起來。論點明確，結構謹嚴，論斷縝密，善於運用自然界和日常生活中的事例作爲論據，巧譬博喻。比如《勸學篇》基本全用譬喻重疊構成，妙喻迭出，遍用排偶，辭采繽紛，美不勝收。再則，《荀子》散文造語簡練，多用鋪陳手法和排比句式，整齊流暢，適於誦讀和記憶。如《致士篇》：「川淵者，魚龍之居也；山林者，鳥獸之居也；國家者，士民之居也。川淵枯，則魚龍去之；山林險，則鳥獸去之；國家失政，則士民去之。」這也反映出荀子散文嚴密的邏輯性。另外，《荀子•賦篇》共有《禮》、《知》、《雲》、《蠶》、《箴》五篇。其形式爲問答體，以四言韻語爲主，雜有散文形式，類似謎語，屬於戰國「隱書」的體例，已具漢賦的雛形。再是《荀子・成相篇》，它以民間歌謠形式來表達政治思想，是通俗說唱的文學形式。所以說，荀卿散文的韻文傾向已初現後世韻文的端倪。

《韓非子》五十五篇，是韓非的個人著作。綜合歷代學者考證，《初見秦》、《有度》、《飾邪》三篇確實非韓非所作。

韓非散文的特點，首先是文風峻峭，鋒芒銳利，語氣堅決專斷，文章結構邏輯嚴密、條理清晰、論述透闢、切中要害。這是政論文主要運用的風格。文章直言淩厲，公然宣揚法、術、勢的觀念，甚至毫無掩飾地說：「上古競於道德，中世逐於智謀，當今爭於氣力」；「夫以妻之貴與子之親，而猶不可信，則其餘無可信者矣」。《說難》和《孤憤》深刻暴露統治著的刻薄虛僞，以及「士人」卑劣得向上爬升的手段。

其次，利用大量的寓言故事和豐富的歷史知識作爲論證資料，來增強文章的形象性和說服力。〈守株待兔〉、〈鄭人買履〉、〈濫竽充數〉等生動的寓言流傳至今。特別是〈自相矛盾〉的故事，更爲深刻明切。它本是用來攻擊儒家同時讚頌堯的明察和舜的德化的，指出二者不可能並存，表現出韓非嚴密的邏輯思維能力。這些膾炙人口的故事主要收集在《說林》上下、內外《儲說》等篇。

3、屈原和楚辭

楚辭是戰國時期楚國人以當地民歌爲基礎創作的新詩體，是繼《詩經》後，中國文學史上另一顆璀璨奪目的明珠。《楚辭》的稱謂不知起於何時。《史記・張湯列傳》曾經提到過，估計至晚漢初就已有。至漢成帝時，劉向整理古籍，將屈原等人的作品編輯成書，定名爲《楚辭》。《楚辭》的產生有其複雜的歷史因素。春秋以來，楚國在長期獨立的發展過程中，形成獨特的楚國地方文化。同時，楚國與北方各國頻繁接觸，吸收中原文化，並將其與自身的固有文化相結合，這種南北合流的文化傳統是《楚辭》產生和發展的重要基礎。再加上江漢汝水間的楚國保存許多戰國以前的民歌和巫歌，以及楚地樂歌的成長，都對《楚辭》的產生起到推動的作用。這種優越的文化溫床孕育出屈原和《楚辭》這樣偉大的詩人和作品。

屈原確切的生卒年月，現無法考證。據推算，他生於西元前三四○年，死於西元前二七八年。這個時期正是中國社會發生劇變的戰國時期。七雄並立，百家爭鳴，他的時代是個群星麗天的時代。由於他「博聞強志，明於治亂，嫻於辭令」，早年深得楚懷王信任和器

屈原卜居圖。

重，官至左徒，地位僅次於楚國的最高行政長官令尹。後因受到貴族政治集團的詆毀，放逐漢北，頃襄王時又被流放到沅、湘流域。長期的流放並未消磨掉他憂心國事的情懷。他奮筆疾書，痛斥奸佞，抒發憂憤，最後自沉於汨羅江而死。他是中國古代偉大的浪漫主義詩人，其作品中洋溢著飽滿的政治熱情和愛國主義精神、神奇豐富的想像和辭采瑰麗的藝術風格，更是體現出楚地詭異、神秘和浪漫的南方色彩。據《漢書・藝文志》記載，屈原的作品有二十五篇，作品有《離騷》、《九歌》、《九章》、《天問》等，其中的《離騷》是中國古典詩歌的不朽典範。後人習慣將〈風〉、〈騷〉並稱，〈風〉即十五

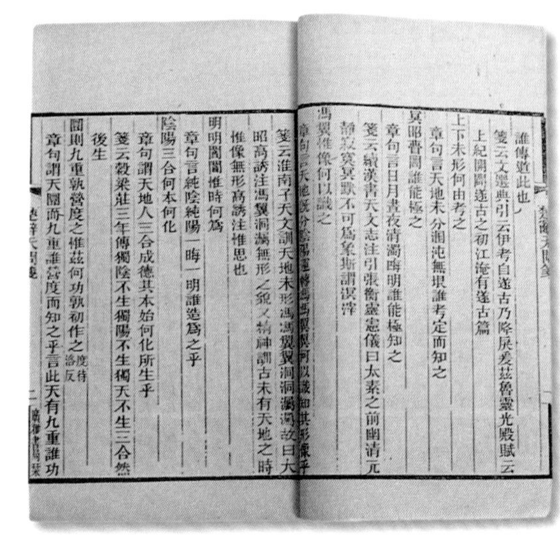

誰傳道此也
箋云文選典引云伊考自遂古乃降戾爰茲魯靈光殿賦云
上紀開闢遂古之初江淹有遂古篇
上下未形何由考之
章句言天地未分溷沌無垠誰考定而知之
冥昭瞢闇誰能極之
章句言日月晝夜清濁晦明誰能極知之
箋云續漢書天文志注引張衡靈憲儀曰太素之前幽清元
靜寂莫冥默不可爲象斯謂溟涬
馮翼惟像何以識之
章句言天地既分陰陽運轉馮馮翼翼何以識知其形像乎
箋云淮南子天文訓天地未形馮馮翼翼洞洞灟灟故曰大
昭高誘注馮翼洞灟無形之貌又精神訓古未有天地之時
惟像無形高誘注惟思也
明明闇闇惟時何爲
章句言純陰純陽一晦一明誰造爲之乎
陰陽三合何本何化
章句謂天地人三合成德其本始何化所生乎
箋云穀梁莊三年傳獨陰不生獨陽不生獨天不生三合然
後生
圜則九重孰營度之度待洛反惟茲何功孰初作之
章句謂天圜而九重誰營度而知之乎言此天有九重誰功

《天問》書影：屈原在《天問》中，一連提到一百七十多個問題，上問天，下問地，問古問今，問天道問人事，包羅萬象，充分表現了屈原強烈的社會責任感和濃郁的浪漫主義思想。

屈原故里舊名樂平里，在今秭歸縣城西北處。這裏是個山間小盆地，東面伏虎山，雄奇壯麗；西臨王寨山，百崖千尋（古代每尋長八尺）；南望九嶺頭，煙雲彌漫倚天池山，劍指藍天。峰巒鐘靈，清溪毓秀。相傳屈原誕生於此，故又名三閭鄉，至今尚存屈原廟、吟詩台、照面井等遺跡。

國風，代表《詩經》，〈騷〉指《離騷》，代表楚辭。《國風》和《離騷》產生後，爲中國文學創作指示出兩條發展道路，對後世文學的影響是難以估量的。

《離騷》寫於屈原流放途中，全詩共三百七十三句，二千四百九十字，是中國詩歌史上最偉大的抒情詩。關於「離騷」的含義，或說是遭憂作辭，或說是別愁爲賦，雖有差異，但都含有遭逢不幸的意味。全文詩人先是自述引以爲傲的身世、美好的品質和崇高的理想，抒發雖有心挽救國家命運，卻無法被重用的痛苦。接下來詩人運用充分的想像力，繼續表達著對理想的追求和對現實的失望。痛心的事實使詩人產生去國遠逝的幻想。然而正當他在雲旗掩映、鳳鸞飛繞、壯麗華美、從容閒暇的仙界神遊時，那種眷戀故國的熾烈情感再度湧起。最後幾句亂辭更是點明了全文的主旨，讓人悲不忍睹。

《離騷》的藝術造詣極高。它結構宏偉，內容翔實，比喻新奇，描寫誇張，塑造出富有鮮明個性特點的抒

九歌圖（局部）：此圖是根據戰國時楚國詩人屈原的名作《九歌》繪製而成，依次繪東皇太一、雲中君、湘君、湘夫人、大司命、少司命、東君、山鬼等形象。以〈九歌〉原文間隔，一圖一文。所描繪的人物各得神情，人物衣紋流暢，背景多以淡墨渲染，樹木亦只染不皴。此圖未署名款，孫承澤跋中雲為李公麟所作。但從整體風格看實出元代畫家之手。

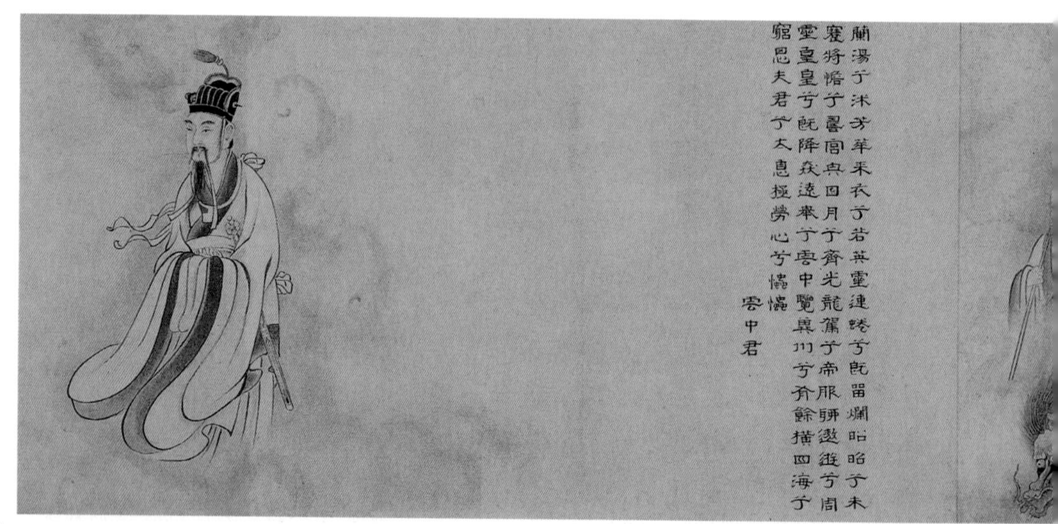

情主人公形象，抒發著對進步政治理想的追求、深厚的愛國感情和寧死不屈的鬥爭精神，是具有深刻現實性的積極浪漫主義作品，成爲中國文學浪漫主義的直接源頭。

《詩經》與《楚辭》存在著明顯的地域文化差異。《詩經》源出中原文化，重實際而輕玄想，理智色彩濃厚，質樸沉實，現實性強。以《離騷》爲代表的楚辭則想像豐富，意境深遠，辭藻華麗，充滿著浪漫奇幻的情思。

屈原圖：此圖為明朝朱約佶所繪，描繪的是戰國時楚國大詩人屈原行詠湖畔的情景。人物長髯飄動，右手扶地，坐在湖畔，身旁還有竹筒一卷。人物面部刻畫精細、生動，展現了屈原桀驁不馴的性格特點。

4、繪畫和音樂藝術

繪畫

春秋戰國的藝術隨著社會的變化而蓬勃發展，各類藝術眾采紛呈。中國繪畫藝術歷史悠久，最早遺跡可上溯到遠古的岩畫和繁榮於新石器時代彩陶器上的裝飾紋樣。古代的先民們創造出具有鮮明民族風格和豐富多彩的形式手法，形成獨具特色的中國傳統繪畫。春秋戰國時期的繪畫取得全面長足的進步，用作冠冕車服、牆壁、各類器皿和工藝品的裝飾圖案。

彩繪車馬出行圖圓奩：湖北荊門十里鋪楚墓出土。該畫繪在一個直徑二十八公分的漆奩上，是目前中國年代最古老、保存最完好的漆畫。下圖為局部展示圖。

商代繪畫莊嚴神秘，西周趨於典雅古樸，春秋以後繪畫內容逐漸更多地反映社會生活，形象活潑生動。繪畫的題材既有傳統的自然紋祥和神話傳說，也有現實生活的各種圖景。繪畫的工具主要有筆、墨和絹，這表明以線條爲主要造型手段的中國傳統繪畫，已經達到較高的

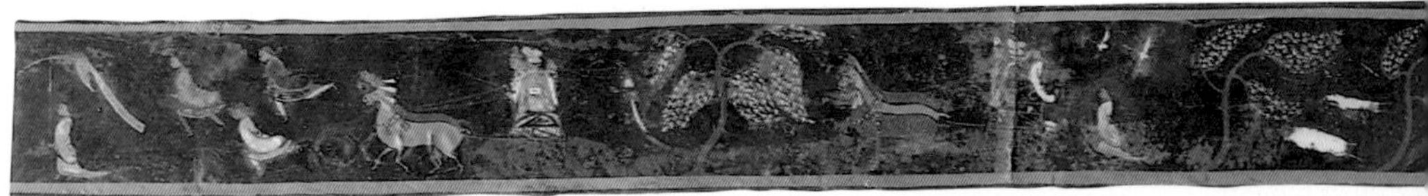

彩繪鴛鴦形豆：此豆的蓋與盤合成為一隻鴛鴦。整個器表以黑漆為地，用紅、黃等色漆繪出鴛鴦羽毛。漆豆造型獨特，形象逼真，頗具匠心。

水準。據文獻記載，「宋人善畫」，宋國有專爲宮廷服務的畫家，可以看作是北方繪畫藝術的代表。南方楚國的繪畫也相當發達，形成飛揚流動、細膩瑰瑋的藝術特色。

隨著繪畫藝術的發展，關於繪畫的理論也日益成熟。其中尤以孔子的「繪事後素」論和韓非子的寫實論爲代表。「繪事後素」的涵義，現難以明確界定，爭論頗多。韓非子的觀點是很鮮明的，他說鬼魅易畫，犬馬難繪，認爲寫實比虛擬難得多，由此傾向於提倡寫實的創作方法，對中國繪畫的發展產生了巨大影響。

現存的春秋戰國時代的繪畫主要有四種：岩畫、帛畫、漆畫和銅器畫。岩畫是指刻畫在岩石表面的圖紋。中國是世界上最早發現並記錄岩畫的國家。岩畫反映的主要內容包括傳授知識、表達宗教情感、寄託美好的生活理想和娛樂活動場面。

帛畫是不依附於工藝品和建築物的獨立的主題性繪畫。它出現於戰國中期以後，是最早的完整繪畫資料。現存的帛畫均是楚漢隨葬的絲織品，可以歸爲楚文化的範疇。

漆畫是附屬於漆器上的裝飾圖案。許多漆畫的題材內容和工藝技巧，正好可以反映春秋戰國時代的繪

畫情況，是珍貴的文物史料。漆器大致能分爲兩類，即喪器和日用器皿。前者所附的漆畫多與巫術有關，表現出濃厚的神秘色彩。後者所附的漆畫內容則多與社會生活相關可以看作是古代生活的風俗畫。春秋戰國時期的漆畫繼承「禹作祭器，墨染其外，朱畫其內」的傳統，以朱、黑色爲基調，輔以其他多種色彩，顯得斑斕繁麗、變化豐富。

春秋戰國的青銅器藝術在工藝美術的各門類中居於主導地位。青銅器種類主要有酒器、炊食器、樂器和兵器。其中許多青銅器是禮器，包含宗教和政治意義。爲使這些青銅器更加華麗，當時的工匠鑄造時想方設法

人物龍鳳圖：湖南長沙出土，四周均為毛邊，是當時用以「引云鬼升天」的銘旌。全畫的主題是祈求飛騰的龍鳳引導墓主人的靈魂早日登天升仙，是現存最早的帛畫之一，與人物御龍帛畫比較，龍風仕女帛畫的筆觸顯得較為古拙簡勁。

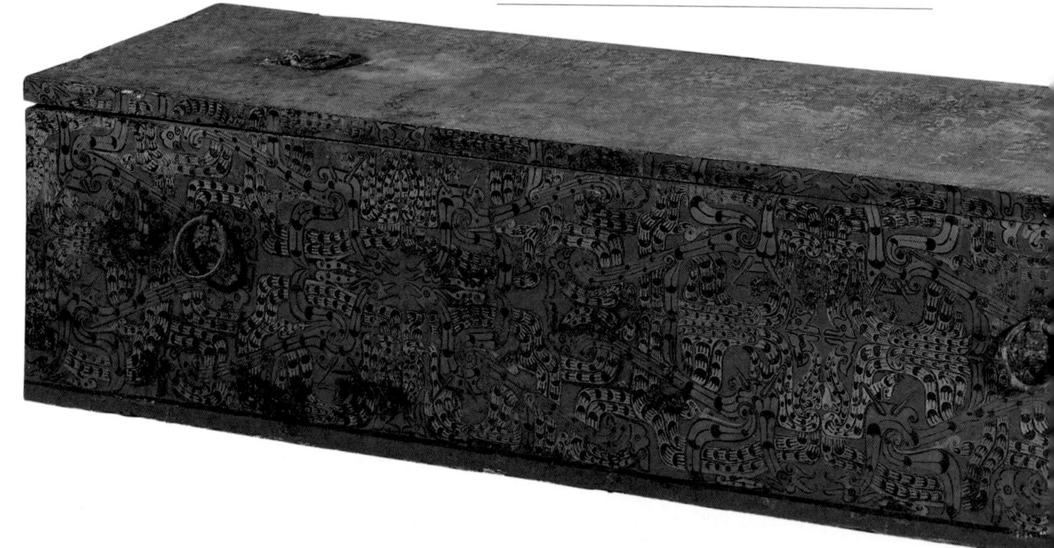

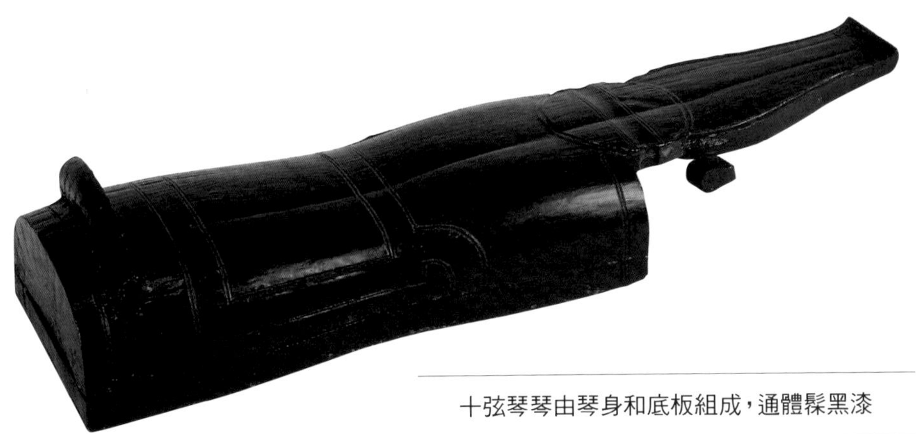

十弦琴琴由琴身和底板組成，通體髹黑漆

形成器表花紋，還利用金銀等貴金屬來裝飾和嵌錯器物，形成銅器畫。銅器畫主要分爲鑲嵌畫和錐刻畫，這取決於製作的工藝。銅器畫的題材涉及到建築、車馬、人物、鳥獸、戰爭、狩獵、宴飲各方面，生動地再現當時生產生活和政治活動的真實面貌。

彩繪龍鳳紋漆棺：此棺的蓋板、側板、擋板、底板都是用整木斫成。全棺以黑漆為底，用紅、黃、金三色漆彩繪龍鳳紋。龍為一首雙身，鳳為展翅卷尾，壓在龍的上面。全棺彩繪色彩富麗而肅穆，是戰國楚地漆器中的一件範例。

音樂

從西周起樂舞已經較爲發達，它與禮互爲補充，宣揚教化，維繫社會秩序，形成所謂的「禮樂製度」。禮樂製度嚴格規定等級，伴隨禮的樂舞基本是雅樂。民間樂舞難登大雅之堂。但這種製度規範森嚴，束縛樂舞的自由發展。春秋以後，周王室衰微，群雄割據，諸侯早已把效忠周王室的倫常觀念置之腦後，這種製度逐漸衰落，出現「禮崩樂壞」的局面。同時隨著春秋文化的整體下移，世俗的民間樂舞開始佔據歷史舞臺，這就是以「鄭衛之音」爲代表的新樂。《禮記·樂記》載，魏文侯聽雅樂就容易瞌睡，聽鄭、衛的新樂就不感疲倦。子夏雖斥責新樂是「淫於色而害於德」，但古樂漸趨沒落已是不爭的事實。

竹製十二音律管：《呂氏春秋》記載，黃帝令伶倫取竹作律，增損長短成十二律；伏羲作琴，三分損益成十三音。三分損益法就是把管（笛、簫）加長三分之一或減短三分之一，這樣聽起來更和諧。

齊宣王也曾對孟子說喜歡的是世俗音樂。先秦文獻關於新樂的記載，多是貶責。例如子夏曰：「鄭音好濫淫志，宋音燕女溺志，衛音趨數煩志，齊音驁辟驕志。」但通過這些描述可以推斷，新樂是熱情奔放的真性流露。在那個思想解放的時代，它更能表述人民的心聲。

據考古發掘和文獻記載，周代樂器有近七十種。《周禮・太師》按樂器的原料將其分爲金、石、土、革、絲、木、匏、竹八類，即所謂「八音法」。名稱有鐘、鼓、琴、瑟、簫、竽等。《周禮・考工記》也已有製造樂器的紀錄。這是樂器學走向成熟的標誌。一九七八年湖北隨縣曾侯乙墓出土的戰國早期樂器，共記一百二十四件：編鐘六十五件（含鎛鐘一件）、編磬三十二件、鼓四件、瑟十二件、琴二件、笙五件、排簫二件、橫吹竹笛二件，可以說是個樂器陳列室。由於古樂音律失傳已久，難

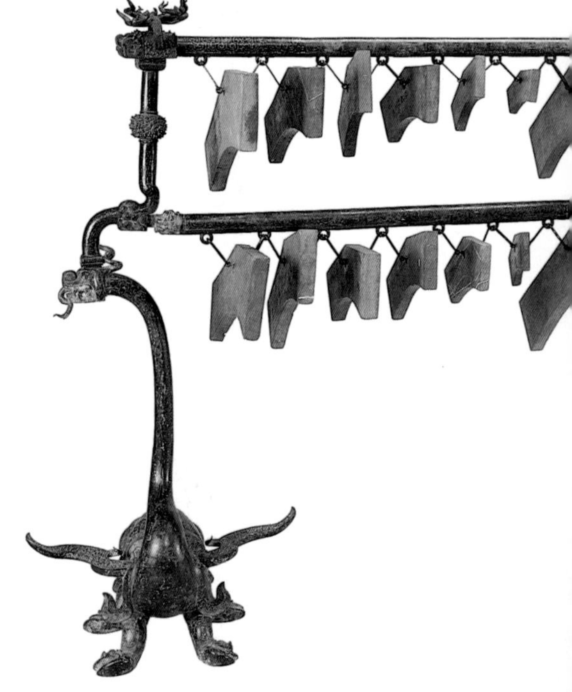

以深入探討，這批樂器對研究先秦傳統樂律學具有重要意義。

從傳世的青銅器分析，中國古代宮商齊奏、八音克諧的音樂體繫，應形成於西周，至春秋戰國有所發展。十二律（又稱十二律呂或律呂）形成於何時，尚無法明確界定。周景王(前五四四～前五二〇年)的樂師伶鳩在回答他的詢問時提到十二律的名稱是「黃鐘、大呂、太簇、夾鐘、姑洗、仲呂、蕤賓、林鐘、夷則、南呂、無射、應鐘」。同時提到宮、角、羽，指出「大不過宮，細不過羽」，雖未直接說出商、徵，但也表明五音（五聲）的體繫已經形成。後

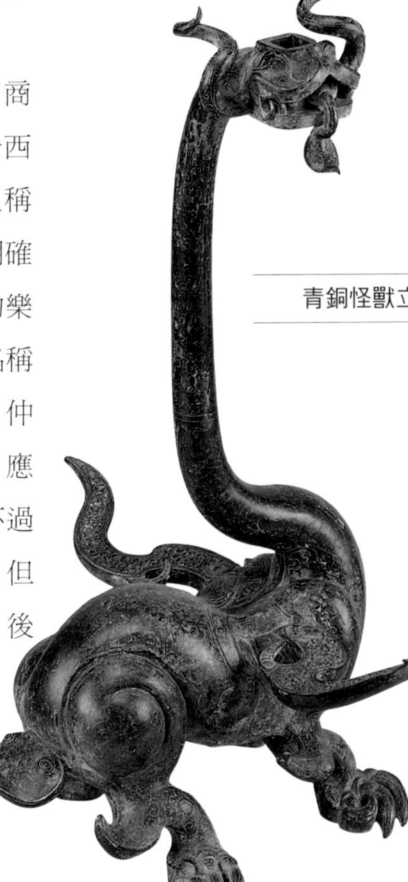

青銅怪獸立柱

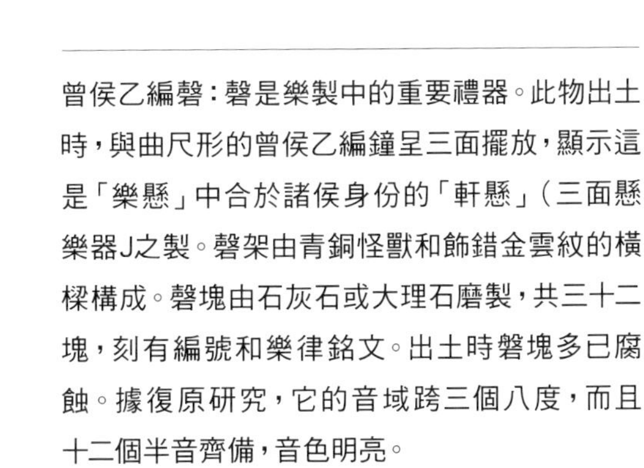

曾侯乙編磬：磬是樂製中的重要禮器。此物出土時，與曲尺形的曾侯乙編鐘呈三面擺放，顯示這是「樂懸」中合於諸侯身份的「軒懸」（三面懸樂器J之製。磬架由青銅怪獸和飾錯金雲紋的橫樑構成。磬塊由石灰石或大理石磨製，共三十二塊，刻有編號和樂律銘文。出土時磬塊多已腐蝕。據復原研究，它的音域跨三個八度，而且十二個半音齊備，音色明亮。

銅鐸：樂器。鐸柄上鏤空雕飾有兩組勾連紋。在鐸身上外鑄有三段變形的龍紋圖案，龍首居中，兩側身卷如雲氣。

來加上變宮、變徵合稱七階。《左傳》魯襄公二十九年記載吳公子季札曾用「五聲和」來評論「頌」，時爲西元前五四四年。

最早的樂律計算法見於《管子・地員篇》中的「三分損益法」，即將主音律的弦（或管）長三等分，取其兩份（全管長的三分之二，爲損一），或增加一份（全管長的四分之三，爲益一），依次確定十二律中其他各律的方法。古人最初用竹管定律，後來發現管律過於粗糙，就改用精密的絲弦。這種以管弦長度爲準的方法，最遲應產生在春秋時代。它與歐洲當時以頻率爲準的「五度相生法」是成倒數關係的。十二平均律是中國古代音樂家對音樂聲學作出的重大貢獻。

前文已提到曾侯乙墓出土的編鐘，音域寬廣，音列充實，音色優美。每件鐘均有呈三度音程的兩個樂音，可以分別擊發而互不干擾，也可同時擊發構成悅耳的和聲，證實中國古編鐘每鐘雙音的規律。全套編鐘具有深沉渾厚的低音、圓潤淳樸的中音和清脆明快的高音。總音域跨五個八度，中心音域內十二半音齊備，而全部音域中的基本骨幹音則是五聲、六聲和七聲的音階結構，可以旋宮轉調。鐘上銘文數

千字，記述曾國與楚、晉、齊、申、周等國的律名對應關係，以便演奏各地的樂曲。曾侯乙編鐘是中國先秦音樂文化取得高度成就的文物見證。春秋戰國時期，圍繞樂存在的必要性和社會功能，各家分別發表見解，音樂理論空前活躍。總體上看，儒家孔子、荀子、公孫尼重功利、重情理，道家老子、莊子重藝術、重精神。其中孔子和荀子的音樂思想對後世影響最大。孔子整理過《詩經》，具備音樂實踐經驗和修養。他認爲禮和樂都是維護統治秩序的工具，有重要的社會功能。荀子的音樂思想，表體現在《荀子・樂論》中。荀子認爲人們需要音樂，此爲「人情所不免」，但要防止音樂陷入邪亂。他反對民間音樂，要求把音樂的社會功能提高到政治功能，「移風易俗，天下皆寧」。荀子把禮、樂都作爲專政的工具，顯示出法家的精神。

均鐘：木質，形若長棒，首段近方，尾段近圓。表面平直狹長，首端立一蘑菇狀柱。器身通以黑漆為地，除音箱面板部分（首嶽以內）之外，均以朱、黃兩色相間遍飾精細縟麗的紋樣。首端，以紋勾邊，內填鱗紋和卷曲紋（表面）。面板、側板、底板，以菱紋帶勾邊。尾端，表面繪鱗紋，底面繪正反向嵌合的三角雷紋。在曲菱紋帶勾邊的裝飾塊面裏，紋飾的內容為兩個主題。第一主題繪於器身後半段的底面，畫面中有變形鳥紋、龍紋和人形紋。第二主題繪於器身首段的背面、側面和尾段的正面。畫面為一組引頸振翅的鳳鳥在緻密的方格紋襯地上飛翔。「樂」、「律」起源的故事以簡練的圖案繪於該器，寓意不凡。

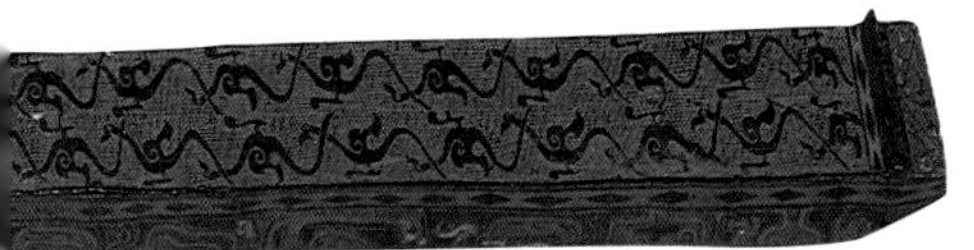

彩繪竹排簫：排簫古名「簫」或「參差」，是長短不齊的意思。曾侯乙墓的竹排簫，用十三根簫管依次排列，其中有八根簫管出土時尚能吹出樂音，簫管不按十二律的順序排列，構成的音列至少是六聲音階。這是迄今所見最早和保全最好的竹質排簫。

黃帝內經素問 二

校正黃帝內經素問序

臣聞安不忘危存不忘亡者往聖之先務求民之瘼恤民之隱者上主之深仁在昔黃帝之御極也以理身緒餘治天下坐於明堂之上臨觀八極考建五常以謂人之生也負陰而抱陽食味而被色外有寒暑之相盪內有喜怒之交侵夭昏札瘥國家代有將欲斂時五福以敷錫厥庶民乃與岐伯上窮天紀下

第五章

科技成就

春秋戰國生產力的巨大飛躍，促使包括科學技術在內的古代文化得到長足的發展。就天文曆法而言，進步的跡象明晰可見，主要表現為對天文現象的觀測和描述由定性向定量的轉變和陰陽曆法的定型。醫學方面，「巫醫結合」時代宣告結束，隨著醫學知識的累積，有中國獨特思想的理論體繫的中醫學科逐步建立起來。數學雖然尚未形成體繫，但「四則運算」已漸趨完備，幾何知識也日益豐富。物理學領域取得輝煌的成就，積累起許多有關力、熱、聲、光、磁、運動、時空和物質結構方面的知識。可以說，春秋戰國是中國古代輝煌科技成就的奠基時期，後世許多科技知識和學說都能從這個歷史階段裏找到它的萌芽。

1、天文曆法

隨著周王室的衰微，以往由周王朝少數天文學家把持天文曆法的局面被打破。各諸侯國爲鞏固政權和發展農業生產，都極爲重視天文曆法的研究。這一時期湧現出了許多天文學家，「魯有梓慎，晉有卜偃，鄭有肩灶，宋有子韋，齊有甘德，楚有唐昧，趙有尹皋，魏有石申夫，皆掌著天文，各論圖驗。」其中，最著名的是甘德、石申夫兩家。甘德著《天文星占》八卷，石申夫作《天文》八卷，後人合稱《甘石星經》。

天文觀測

中國古代天文學主要包括兩個方面，即星占和曆法。星占學本身是荒謬的，但由於它需要不斷地去觀測和探索天體的運動情況和規律，客觀上能夠對古代天文研究起到重要的推動作用。

春秋時期的天文工作者已經能依據恆星的位置，對星象作出相當準確的劃分，星官（或稱星座、星宿）知識取得突出成績。古人爲觀測星體常將鄰近的恒星組合起來，給以相應的名稱，稱爲星官。春秋戰國時期最具代表性的星象成就要數二十八宿體繫的形成。二十八宿就是把沿天球赤道和黃道附近的星象劃分爲二十八個星區，每星區爲一宿。這二十八宿自西向東排列依次爲：

東宮七宿（蒼龍）：角、亢、

二十八宿漆衣箱：長七十一公分，高四十．五公分，寬四十七公分。此衣箱為木質，剜製。子母口扣合，其四角各設一把手。蓋、身分別由整木剜鑿而成。內壁髹紅漆，外表黑漆朱繪。蓋面中心書寫一「鬥」字，繞「鬥」字一周，書二十八宿名稱。蓋面一頭繪青龍，另一頭繪白虎。這是首次發現的戰國前期的二十八宿全稱及與其相配的青龍、白虎圖像，證明中國是世界上最早創立二十八宿體繫的國家之一。

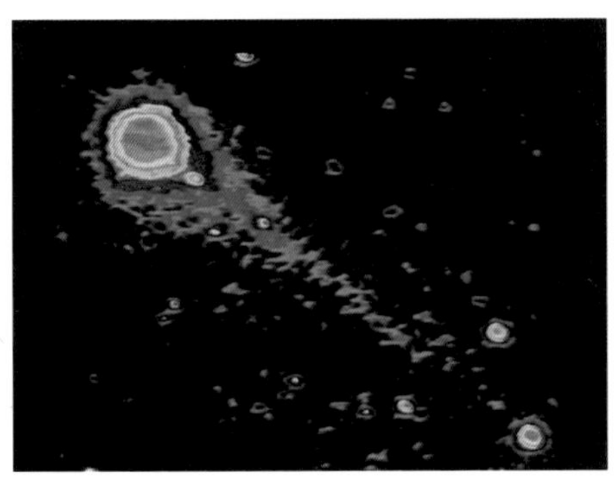

《春秋》記載孛星的書頁和哈雷慧星：孛星即哈雷彗星，在古人心目中，它是凶禍之災，《春秋》記載「秋七月，有星孛入於北斗」。

氐、房、心、尾、箕

北宮七宿（玄武）：斗、牛、女、虛、危、室、壁

西宮七宿（白虎）：奎、婁、胃、昴、畢、觜、參

南宮七宿（朱雀）：井、鬼、柳、星、張、翼、軫

二十八宿的劃分爲日、月、五星及其他若干天象發生位置的確定，提供定量化的參照依據，以後歷朝觀測天象和製定曆法都是以它爲基礎的。二十八宿是當時天文觀測定量化和繫統化的重要標誌。戰國早期曾侯乙墓出土的漆箱蓋上繪有二十八宿的全部名稱，這是目前最早的有關二十八宿恆星繫統的完整記載。

經十有四年春王正月公至自晉（無傳告廟）邾人伐我南鄙叔彭生帥師伐邾夏五月乙亥齊侯潘卒（七年盟于扈乙亥四月二十九日書五月從赴○潘判干反）六月公會宋公陳侯衛侯鄭伯許男曹伯晉趙盾癸酉同盟于新城（新城宋地在梁國穀熟縣西）秋七月有星孛入于北斗（孛彗也既見而後入北斗非常所有故書之○孛音佩彗似歲反一音遂）公至自會（無傳）晉人納捷菑于邾弗克納（邾有成君晉趙盾不度於義而大興諸侯之師見辭而還雖有服義之善所興者廣所害者眾故貶稱人○菑側其反度待各反）○九月甲申公孫敖卒于齊（既許復之故從大夫例書卒）齊公子商人弒其君舍（舍未踰年而稱君者先君既葬舍已即位弒君例在宣四年）宋子哀來奔（大夫奔例書名氏貴之故書字）冬單伯

春秋經傳集解　卷九　七　中華書局聚

春秋戰國時期，對五星的觀測也取得明顯的成果。「五星者即東方歲星，南方熒惑，西方太白，北方辰星，中央鎮星是也」，這裏所說的五星就是木、火、金、水、土五大行星。長沙馬王堆三號漢墓出土的長達六千字的《五星占》中保留有《甘石星經》的部分內容，其中最後三章列出西元前二四六至前一七七年七十年間五星運動的情況，充分反映出戰國至秦漢初五星的研究成果。當時對五星運行週期的認識已經比較接近。石申夫指出火星的恆星週期爲一・九年（應爲一・八八年）；甘德測得木、金、水三星的會合期分別爲四百

日（應爲三九八・九日）、五八七・二五日（應爲五八三・九日）和一三六日（應爲一一五・九日）；兩人都測算出木星的恆星週期爲十二年（應爲十一・八六年）。

從春秋開始，古代的天文學家非常重視對日月蝕、彗星、流星雨等的記錄，這與統治者把異常天象看作是「上天示警」有密切聯繫。春秋以後的二百四十二年間，記錄日蝕三十七次，其中三十三次已證明是可靠的，最早的是魯隱公三年(前七二〇年)的日全蝕。魯文公十四年（前六一三年）秋七月「有星孛人於北斗」，這被天文學界公認爲是世界上關於「哈雷彗星」最早的紀錄。魯莊公七年（前六八七年）「夏四月辛卯夜，恆星不見，夜中星隕如雨」，這是世界上關於天琴座流星雨的最早記載。

曆法

春秋戰國曆法的進步主要在陰陽合曆的逐漸成熟。春秋早期，一年分四季十二個月，以朔望週期紀月，這是以月球運行規律的陰曆法。但由於十二個朔望月只有三百五十四或三百五十五日，與實際的回歸年相差約十一日，於是就採用設置閏月的辦法來解決這個問題，形成陰陽合曆。春秋初期都是年終置閏，稱爲「閏月」。春秋後期，出現取回歸年長度爲三六五・二五日，採用十九年七閏的方法，這時的閏月安插在年中，稱爲「閏某月」。由於日數的分數爲四分之一而命名爲四分曆。它比羅馬人使用的四分曆約早五百年，是當時十分先進的曆法。

春秋戰國時期，各國分別實行黃帝、顓頊、夏、殷、周、魯六種曆法，合稱「古六曆」。但實質上，它們都是四分曆，只是「歲首」有所不同，也因此出現所謂的「三正」。歲首是指每年的開始月份。黃河下游與周室關係密切的諸侯國多採用周王室頒行的曆法，以含冬至的月份即子月（現農曆十一月）爲歲首，稱作「周正」；南方和東方的殷民族以季冬月即丑月（冬至後一個月，現農曆十二月）爲歲首，稱作「殷正」；黃河中游古代夏民族居住的地區以孟春月即寅月（冬至後二個月，現農曆正月）爲歲首，稱作「夏曆」。「三正」反映出春秋戰國時期不同區域民俗對曆法的影響。

《楚帛書》摹本：《楚帛書》是中國至今出土最早的古代帛書，也是最為完整的長篇。它寫在一幅近於正方形的絲織物上，整幅為三部分文字組成：中間寫有兩段文字，書寫方向互相顛倒；四周環列十二段文字，每段各附有一神怪圖形，為旋轉狀。有的學者認為帛書的整幅文字可分為三篇：寫在中間的兩段，分別為《四時》篇和《天象》篇，環列四周的十二段為《月忌》篇。全篇共九百多字，內容豐富，是研究古代文化思想和戰國時期楚文字的重要資料，也是彌足珍貴的書法作品。

2、醫藥學

中國醫藥學具有悠久的歷史，它是中國古代先民與疾病和惡劣的衛生環境作抗爭的經驗累積和理論概括。商代甲骨文中已經有蠱即腹內寄生蟲病、齲即蛀齒等病症的記載。西周的醫藥學知識更爲豐富，《周禮・天官》說：「以五味、五穀、五藥養其病，以五氣、五聲、五色視其死生」，書中還將醫生的業務職能分爲掌管統治者飲食營養的食醫、治療民眾疾病的疾醫、治療瘡瘍和外傷的瘍醫和專爲牲畜看病的獸醫。

春秋戰國是傳統中醫藥學的創立時期。當時學術思想活躍，產生許多哲學家和科技人才，也湧現不少醫學家和醫學著作。但春秋以前，醫學是和巫術相聯繫的。周王室衰敗後，人民對天帝的迷信觀念開始動搖，巫醫的影響才逐漸減弱。許多人逐漸注重以科學的觀念來分析疾病產生的原因。比如子產說晉平公患病是由於飲食哀樂，晏嬰說齊景公的病是縱慾所致，這均非神鬼使然，祈禱無用。扁鵲明確指出：「信巫不信醫不治」。《呂氏春秋・盡數》載：「近世尚卜筮禱祠，故疾病愈盛」。這是對巫術的深刻批判，可惜仍舊有無數的後人爲巫術所害，輕則誤病，重則喪命。

《詩經》提到四十多種疾病和五千一百餘種藥用動植物；《山海經》記載三十八種疾病和一百二十餘種藥用動植物和礦物。《管子・地水》和《呂氏春秋》對人體的五臟、六腑、肌膚、血脈、筋骨及其功能已有初步的認識。臨床診斷上，逐漸形成「切脈」、「望色」、「聽聲」、「寫（觀）形」等中醫的傳統方法。

《黃帝內經素問》書影：《內經》包括《靈樞》和《素問》兩部分，十八卷一六二篇，計八十餘萬言，共記述四十多類三百餘種疾病。在紀元以前的年代裏，人類社會形成了三個理論化的醫學體繫，即中國醫學、印度醫學、希臘醫學。遠古中國醫學以《黃帝內經》為代表，是當時理論性最強、繫統化程度最完整的醫學體繫。

這時期的人們也開始從季節變化、起居環境、飲食衛生和心理因素方面來研究病原，並由此產生豐富的預防疾病、保健養生的思想。《禮記》要求定期沐浴，穿著飲食要與季節的變化相適應：《呂氏春秋・古樂》提倡以舞蹈防病健身；《周禮》主張晚婚優生，嚴禁近親結婚；諸子則多把保持恬靜心態作爲養生的方法。

正是隨著醫學的發展，各類醫學著述也開始出現。長沙馬王堆三號漢墓出土的春秋戰國時期的帛書《五十二病方》是中國古代最早的醫學文獻。全書分五十二題，共一萬餘字。現存醫方總數二八三個，用藥達二四七種，提到的病名有一百〇三個，涉及內、外、婦、兒、五官各科疾病。書中處方講究加減化裁，注意對症下藥和藥物的配伍，另外還記載有一些外治法，如藥浴、煙薰、用酒消毒等。

當然，最著名的醫學作品要數《萬物》和《黃帝內經》。《萬物》是發現於安徽阜陽雙古堆西漢汝陰侯墓的竹簡抄本。據學者考證，它的撰寫時代，應該是戰國初期或春秋時代，殘簡共計一三三支，共約一一〇〇字。《萬物》所載藥物種類，初步統計爲七十一種，多數爲日常生活中所能接觸到的東西，這是藥物早期發展階段的重要特徵。其中玉石部五種，草部二十三種，木部五種，獸部十一種，禽部四種，魚部十一種，果部四種，米穀部四種，菜部四種。書中記錄的許多藥物功用，不僅與後世本草學相符，而且至今仍應用於臨床醫療中。

《萬物》關於藥物幾種原始的加工炮製方法如「煮」、「焙」已有描述。但對藥物的採集、服法和禁忌的記載卻極爲缺乏。《萬物》記載藥物治療的疾病有三十一種，包括內、外、五官、神經等各科，病症有寒熱、煩心、心痛、氣臾、鼓脹、瘻、痤、折、痿、癰、耳、惑、睡、夢噩、失眠、健忘等，這些名稱皆流傳於後世，爲後人沿用。

《黃帝內經》簡稱《內經》，是中醫學形成和發展奠基性的作品。它託名於黃帝，是中國現存最能全面總結秦漢以前醫學成就的著作。

《內經》的成書年代，至今尚無定論。從內容看，它主要反映的是戰國時期醫學理論水準，基本定稿時期應不晚於戰國時期，少數篇章可能出自秦漢和六朝人的手筆。

《內經》注重人體本身的整體性，肯定人與自然環境的密切關係。它運用陰陽五行學說，說明人體組織結構、生理、病理、疾病的發生發展規律和指導診斷與治療，指出人體的陰陽平衡受到破壞就會生病，強調精神與社會因素對疾病的影響的預防，反對迷信鬼神。全書閃爍著自發的唯物觀和樸素的辯證法思想。

《內經》關於臟腑和經絡的論述已經比較繫統和完整，提出「肺朝百脈」、「心主身之血脈」和「經脈流行不止，環周不休」，對人體心臟和血脈的關係和血液循環的描述基本是正確的。

西元前五世紀，扁鵲就已運用「切、望結合」的方法診斷疾病，《內經》對這種方法加以繼承和發展。《內經》的診方主要包括望、聞、問、切，這是後世中醫「四診法」的淵源。同時，《內經》記載的人體穴位有三百多處，幾乎所有的疾病都有針灸療法，並對針灸治療的規則、手法、禁忌均給予相應的論述。

《黃帝內經》是中醫理論體繫的源泉，它的著成標誌著中國醫學由經驗醫學上升爲理論醫學的新階段，爲戰國以後的中國醫學發展奠定理論基石，指引中醫走上科學發展的道路，具有深遠的影響。它是中華民族特有的寶貴文化遺產。

3、數學

數學是研究數量關係和空間形式的科學。中國古代的數學成就是輝煌的，十四世紀以前始終是世界上數學最爲發達的國家。殷商甲骨文記錄中，中國已經使用完整的十進位記數。到春秋戰國時期，由於測量土地、計算租稅、興修水利、規劃建設、製造器皿、交換貨物、修訂律法等生產實踐的推動，數學知識得到極大地豐富和提高。但這時期的數學還處於經驗累積的階段，尚未形成完整的數學體繫。

算籌是中國古代的計算工具，其方法稱爲籌算，是中國古代數學對人類文明的特殊貢獻。算籌的產生年代已不可考，但可以肯定的是籌算在春秋時代已經較爲普遍。

籌是粗細長短基本一致的竹棍，

象牙算籌：算籌記數的規則，最早載於《孫子算經》。算籌記數製度十分明確地體現了十進位值計數法，以其為基礎發展出一整套籌算演算法，形成了中國傳統數學的獨特風格，取得了許多輝煌的成就。

也有用木、骨或金屬製成的。用算籌表示數目，有兩種形式，即縱式和橫式。表示數字時，用縱式代表個、百、萬位的數，用橫式代表十、千位的數，這樣縱橫相間，再加上遇零空位的方法，就可以擺出任意的自然數。通過算籌的擺列，可以進行加減乘除以至開平方、開立方等的運算，整數以後的畸零部分，則用分數表示。這種記數法符合十進位值製原則，它是中國極爲出色的創造，與其他許多古代文明的計算方法相比，其時間要古老，其方法更優越。

這時期分數也逐漸被使用，前文提到過，當時的曆法計算就用到過分數。但從《管子》、《墨子》、《商君書》等文獻記載看，使用分數最多的是牽扯到分配的問題。當然，工匠製造精美的工藝品時也經常使用分數。另外，戰國墓葬出土的天平砝碼的重量呈等比數列組合。而樂律方面的「三分損益法」的方法相當於 $1\times3^4=9\times9=81$。這說明春秋戰國時期已經具有指數的概念。

幾何

《史記•夏本紀》載，夏禹治水時「行山表木」，「左準繩，右規矩」。規、矩、準、繩都是古代用於測量和繪圖的工具。先秦時期關於「矩」的記載中，最重要的就是勾股定理。據《周髀算經》，商高回答周公提問時說，「故折矩以爲勾廣三，股修四，徑隅五」。這就是現在常說的勾三、股四、弦五，或稱商高定理，即直角三角形的斜邊的平方等於其他二邊的平方的和。古希臘著名數學家畢達哥拉斯曾對該定理有所研究，故西方國家均稱此定理爲畢氏定理，發現時間約在西元前五五〇年左右，商高提出這個定理「勾三股四弦五」比畢達哥拉斯要早，是世界歷史上對畢氏定理的最早表述。

由於戰爭和生產的需要，各地諸侯國建成不少城防和水利工程，製造大量的農具、兵器、車輛，這必然要涉及到計算面積、體積和測算角度的問題，使中國古代幾何學得到快速的發展。

戰國時期墨家的幾何學知識，可與著稱於世的古希臘幾何學相媲美。《墨經》對許多概念的界定非常確切，如定義平（平行）、中（對稱）、圜（圓）、方（矩）、端（點）、祇（切點）、次（二維）、厚（三維）。它的立論也十分精闢，書中說到「窮，或有前，不容尺也」。意思是如果直線是有限長的，那麼用尺測量，肯定可以超出這條直線・這也就是著名的「阿基米德原理」。墨家幾何學比古希臘幾何學早約一百年，可以說是世界上最早的幾何學繫統。

伴隨著數學的發展，當時的人已經能夠將數學知識熟練地運用於社會生產生活的各個方面。《左傳》記載，各國諸侯爲周王動工築城前，士彌牟「計丈數，揣高卑，度厚薄，仞溝洫，物土方，議遠邇，量事期，計徒庸，慮材用，書餱糧，以令役於諸侯」。士彌牟對王城的長寬高、土石方以及人工、材料，甚至各國勞動力的往返里程和所需乾糧的數量，都計算得精確周到，足見當時的數學知識已經非常豐富。

這時期在實用數學知識不斷累積的基礎上，墨家、名家和其他學派總結和概括出許多精妙的數學思想。《墨經》記載大量關於數學名詞的定義，包含著豐富的數理知識和嚴密的邏輯推理，還給出「有窮」和「無窮」的概念。據《莊子》記載，惠施、公孫龍等名家辯者強調抽象的數學思想，比如「至大無外謂之大一，至小無內謂之小一」、「一尺之棰，日取其半，萬世不竭」。他們還提出「矩不方，規不可以爲圓」的觀點，認爲實際畫出來的方或圓與它的幾何定義是有區別的，即經過抽象以後的名詞概念與其原來的實體是有所不同的。這些命題是相當可貴的數學思想，但這種重視抽象性和邏輯嚴密性的新思想後世未能得到良好的繼承和發展。

4、物理學

物理學是研究物質基本結構和運動規律的科學，它是人類長期的生產實踐和觀察探討的產物。到春秋戰國時期，中國古代的先民已經積累下豐富的經驗性物理知識，內容涉及力、熱、聲、光、磁、運動、時空、物質結構等諸多方面。

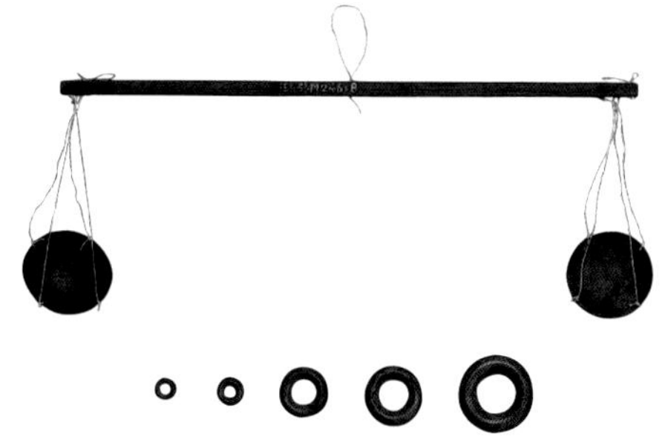

天秤及銅砝碼：由衡桿、天秤銅盤和砝碼三部分組成，除繫繩已朽外均保存完好。砝碼重量分別為四兩（六十二‧一九公克）、二兩（三十一‧一二公克）、一兩（十五‧三五公克）、六銖（三‧九三公克）和二銖（一‧三一公克）。

力學

力學知識與人類生產生活的聯繫密切，是最古老的學科之一。春秋戰國時期，中國古代力學開始形成，表現出兩種發展趨勢。其一是以《考工記》爲代表的實用力學知識的積累。本書可能成書於春秋末期，是現存的關於中國古代手工業技術規範的書籍。書中記述許多手工業的工藝製作與設施，以及西元前四～三世紀以前的工程技術知識。其中包含的力學知識主要有關於慣性、滾動摩擦、物體的浮沉、箭的結構與飛行關係的記載，還記述有力的測量、斜面受力分析、材料和施工的某些軟科學知識。

其二是以《墨經》爲代表的理性力學的萌芽。《墨經》中的軟科學知識已不全是實際生產知識的總結和記述，而是對力學現象進行粗淺的概括，進行簡單的推理論證。比如時空觀念、運動學知識、力的概念、力繫平衡的論述以及簡單機械原理等。

隨著力學知識的進步，利用力學原理製造的簡單機械和工具逐漸得到普遍應用，以提高勞動效率。槓桿是中國出現最早和應用最廣的簡單機械。傳說神農氏「斫木爲耜，揉木爲耒」，耒耜的使用便是槓桿知識的應用。春秋戰國時期常用的槓桿工具是汲水用的桔槔和作爲衡器的天平或者桿秤。

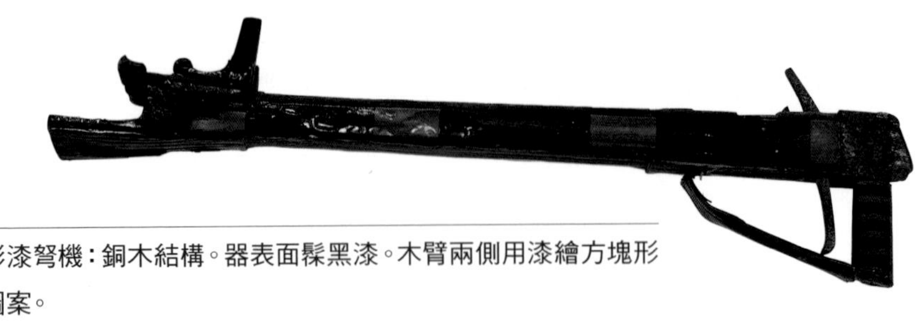

彩漆弩機：銅木結構。器表面髹黑漆。木臂兩側用漆繪方塊形圖案。

相傳「伊尹作桔槔」。《莊子・天運》記有顏淵的話：「子獨不見夫桔槔者乎？引之則俯，合之則仰。」桔槔的形製是在井旁或渠邊的高柱上，橫支長木，長木前端用長繩懸下空桶，後端捆綁重物。將前端繩索往下拉，水桶即可打水，再把手鬆開，由於後重前輕，水便被提上來。這樣就比完全靠人力提水輕易得多。當然桔槔的用途非常廣泛，比如墨家還用它來高舉烽火，所謂「其事急者，引而上下之」。

衡器是稱量物體重量的器具，傳說帝舜時代就已發明。衡器有等臂秤（天平）和不等臂秤兩種，它所依據的原理是兩邊力矩相等而達平衡的槓桿原理。等臂秤中權（砝碼）的重量與物的重量相等；不等臂秤中重物與重臂（重物至支點的距離）的乘積等於權（秤鉈）與力臂（權至支點的距離）的乘積。《墨經》一二七條說：「（衡），加重於一旁，必捶（垂），權重相若也。相衡，則本短標長・兩相加焉，重相若，則標必下，標得權也。」這是墨家探討槓桿平衡關係的實驗總結，比古希臘的阿基米德發現槓桿定律要早二百多年，只是沒有阿基米德槓桿定理那樣完整和定量化。據《墨經》一二八條記載，當時「斜面」（其變相的形式爲輪軸和轆轤）也都得到廣泛的應用。《墨經》一一一條有句謎語式的話：「舉之則輕，廢之則重，非有力也。」這正是對槓桿、斜面等簡單機械省力效應的形象表述。

光學

中國古代光學知識的歷史悠久，商周時期已經懂得利用靜止的水面呈像，金文的「鑑」字就是人彎腰向水盆照臉的形狀。同時，由於青銅技術的發展，青銅鏡也開始出現。春秋戰國時期，中國對光的直線傳播、發射和直射等規律的認識已經較爲全面，這集中反映在《墨經》的光學條文中。

西元前四世紀，墨家就做過世界上最早的「針孔成像」實驗。《墨經》一二〇條寫到：「景到（倒），在午有端，與景長，說在端」；「景：光之人，煦（照）若射。下者之人也高，高者之人也下。足敝（蔽）下光，故成景於上；首敝（蔽）上光，故成景於下。在遠近，有端與於光，故景庫內也」。這條經文說明，光線從人體各個部位向四面直線射出，穿過孔間相交；從人體下部射出的光線射到高處，而從人體上部射出的光線射到低處；足部射向高處的光線被屏壁遮蔽，只能呈像於幕的低處，頭部射向高處的光線被屏壁遮蔽，只能呈像於幕的高處。這樣就在屏後的幕上呈現出倒立的像，同時人離孔越近，幕上的像就越大。可見，古人已經認識到光是直線行進的，常用「射」來描述光的徑直向前和疾速傳播。

墨家還利用光的直線傳播性質來討論光源、物體、投影三者的關係。《墨經》一一八條說：「景不徙，說在改爲」；「光至，景亡；若在，盡古息」。這說明影是不動的，人們通常看到影的移動，是因爲光源或物體發生移動，使原影不斷消逝，新影不斷生成的緣故。名家也提出「飛鳥之景未嘗動也」的觀點，這是科學的見解。

《墨經》認爲光線遇到鏡面就會發生反射現象，它對平面鏡和球面鏡（凹面鏡、凸面鏡）的成像規律有

鏤空龍紋銅方鏡：此鏡是中國現較早、流行時間頗長的一種鏡形。它最早見於戰國時期，在當時的素鏡、連貫式菱紋鏡、透雕鏡上都有運用，以規整的龍紋形狀和精細流暢的花紋相配合，別具風味。然而數量極少，所以，也是十分珍罕的品類。漢代出現了長方形的銅鏡，但僅見一例，圓鏡仍然是銅鏡家族中的絕對主角。

深入的研究。《墨經》一二三條記載有平面鏡成像的實驗和光學解釋，例如「鑒者，景當俱就」。《墨經》一二四條說：「鑒位（窪），景一小而易，一大而正，說在中之外、內」；「鑒：分鑒。中之內：鑒者近中，則所鑒大，景亦大；遠中，則所鑒小，景亦小，而必正。起於中緣（燧）正而長其直（置）也。中之外，鑒者近中，則所鑒必大，景亦大；遠中，則所鑒小，景亦小，而必易，合於中而長其直（置）也。」這條講的是凹面鏡成像的規律，結論基本是正確的。關於凸面鏡成像，墨家也進行過實驗。《墨經》一二五條：「鑒團，景一」；「鑒：鑒者近，則所鑒大，景亦大；亓（其）遠，所鑒小，景亦小。而必正。景過正，故招」。就是說，物體被凸面鏡反射會產生縮小正立的虛像。物體離鏡面越近，像就越大。如果物體過遠，像就會變得模糊。

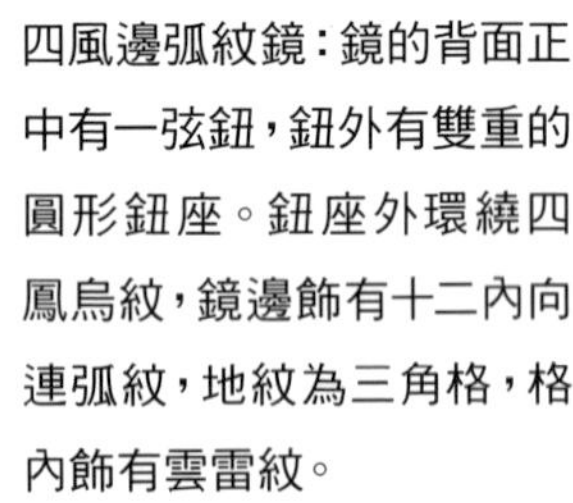

四風邊弧紋鏡：鏡的背面正中有一弦鈕，鈕外有雙重的圓形鈕座。鈕座外環繞四鳳鳥紋，鏡邊飾有十二內向連弧紋，地紋為三角格，格內飾有雲雷紋。

《墨經》關於幾何光學問題的實驗和論述是繫統和完整的，這些出色的研究和近代光學理論基本是相符的，墨家的光學成果是世界光學史上的寶貴遺產。

聲學

春秋戰國時期，人們已經從生活和生產過程中較清楚認識到振動與發聲的關係，以及各種物質材料和形態的物體所發聲音的響度與音色的差異。

據文獻記載和考古的發現，周朝以前已有各種

編磬：編磬是成組懸掛在磬架上按譜敲擊的成套樂器。演奏者通過敲擊可以發出十二個半音。

管、弦和打擊樂器，而且探討出科學的樂律。中國古代樂律說具有豐富的物理聲學內容，它的產生和發展是物理聲學史向前進步的重要體現。

在前面說過，西周到春秋戰國，五聲音階、七聲音階和十二律的體繫已經初步出現，定「律」的方法爲「三分損益法」。中國古代五聲音階官、商、角、徵、羽，相當於現代音樂的C、D、E、G、A五個音階。《管子·地員篇》載，「將起五音，凡首，先主一而三之，四開以合九九，以是生黃鐘小素之首，以成宮。三分而益之以一，爲百有八，爲徵。不無有三分而去其乘，適足以是生商。有三分而復於其所，以是生羽。有三分去其乘，適足以是成角。」

具體方法是：以黃鐘的宮音弦長爲 $(1\times3)^4=9\times9=81$則

徵音弦長= $81\times(1+1/3)=108$

商音弦長= $108\times(1-1/3)=72$

羽音弦長= $72\times(1+1/3)=96$

角音弦長= $96\times(1-1/3)=64$

如果以徵音爲1，則各音的頻率比：

徵：羽：宮：商：角=1：9/8：4/3：3/2：27/16

按宮徵商羽角排序時，相鄰二音間的音程是三分之二和四分之三，成簡單的整數比，就是說當時對弦長與頻率間的關係已有比較深刻的認識。由於只有五個音對於演奏是不夠的，後來又增加兩個變音即變宮、變徵和其他半音，使一個八度（倍頻程）內共有十二個音，構成所謂的「十二律」。

除樂律以外，春秋戰國時期還知道某些共振方面的知識。《墨子》曾提到用空甕倒扣在地下來探聽敵人的軍事行動和確定敵人挖地道的。《莊子·徐無鬼》也有共鳴現象的記載：「鼓宮則官鳴，鼓角則角應，音律同矣。」這可以說是世界上最早關於共鳴現象的認識。

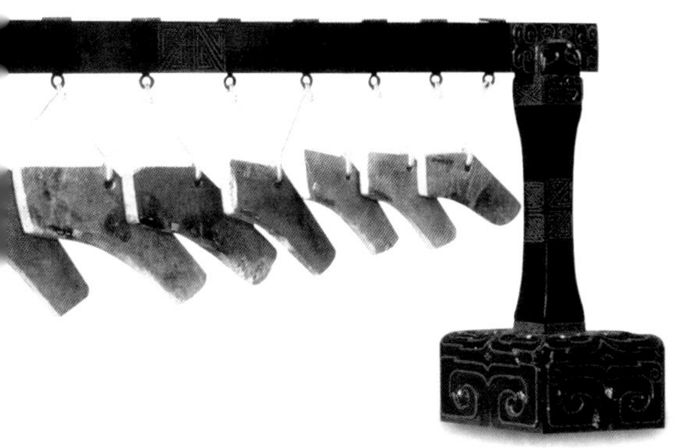

5、器械學

春秋戰國時期，由於生產力的快速發展，大大激發了人民的創造能力。這一時期，發明了許多新的器械，被廣泛用於生產以及軍事之中。

司南的發明

中國是世界公認發明指南針的國家，而司南就是現在所用指南針的始祖。司南的發明是中國勞動人民在長期實踐中對物體磁性認識的結果。這一時期，人民已經發現了磁石。《山海經·北山經》中說：「灌題之山，匠韓之水出焉，而西流注於泑澤，其中多磁石。」由於冶鐵的興盛，人民在冶煉鐵的過程中逐漸發現，磁石具有吸引鐵的性質，最早的司南是由天然磁鐵製作而成的。西元前七世紀成書的《管子·地數》中就記載：「上有磁石者，下有銅金。」意思就是，如果山上發現了磁石，那麼這個山裡就會藏有鐵礦。這表明磁石的發明與當時冶鐵的發展密不可分。《水經注》裡記載了秦國阿房宮前面，用磁石製成大門，防止有人進宮圖謀不軌。因爲如果壞人暗披盔甲或者暗藏兵器入宮，就很有可能被磁石製作的大門吸住而被發現。這說明了當時的人民已經充分認識到了磁石的吸鐵性，並加以利用。在長期的生產鬥爭中，人們進一步認識到磁石的指極性，製成一種可以定方位的儀器，這就是「司南」。在《韓非子·有度篇》和《鬼谷子》中都有相關的記載。《韓非子》說這種司南的儀器是由於怕「東西易面而不自知」設置的，顯然是一種指南的儀器。在《鬼谷子》中記載鄭國人到深山密林中去採集玉石時，爲了不迷失方向，帶著「司南」。這種儀器到了漢代還被稱

「王」字青銅衡：戰國·楚，此衡桿是提繫桿秤的雛型，其長度相當於戰國時的一尺，正面均刻度線。

司南，北京中國科技館。

爲司南。東漢王充在《論衡》中說：「司南之杓，投之於地，其柢指南。」這是說把司南放在水裡，漂在水面上，勺柄指向南方。 這就是早期的指南針。司南發明之後，很快被運用到戰爭和人民的日常生產生活之中，爲社會的進步做出了巨大的貢獻。

機械之聖一魯班

春秋戰國之際，由於戰爭、冶煉和日常生活的需要，人民對於工匠的需求越來越多，這也給了工匠施展才能的機會。這一時期，就出現了中國歷史上一個著名的工匠——魯班。魯班又名公輸班、公輸子、班輸。大約生於周敬王十三年（前五〇七年），卒於周貞定王二十五年（前四四四年）以後，生活在春秋末到戰國初期。魯班出生於工匠世家，從小就受到家人的耳濡目染，對製作各種工具有著濃厚的興趣。他還參與了許多工具的製作，積累了豐富的經驗。魯班特別注意對各種事物的觀察，並從中得到啓發。他的許多發明就是善於觀察的結果。比如，魯班一次在山上時手指不小心被小草劃破了，他感到很奇怪，爲什麼小草能把手指給劃破。於是他蹲下來仔細觀察小草，結果發現草葉兩邊全是一排排的小齒。他從中得到啓發，之後發明了我們現在常用的鋸。除此之外，魯班還有多項發明，比如木工所用的曲尺，又被叫做「魯班尺」。《墨子·魯問》中記載魯班將鉤改成舟戰用的「鉤強」，楚國軍隊用這種工具和越國軍隊進行水戰，越船後退就鉤住它，越船進攻就推拒它。《墨子·公輸》則記載「公輸盤爲楚造雲梯之械，成，將以攻宋。」說明他將梯子改製成可以凌空而立的雲梯，用於攻城。《淮南子》說：「魯班即公輸般，楚人也。乃天子之巧士，能作雲梯。」此後雲梯在戰爭中被廣泛運用，對後來的作戰產生了重大影響。

英雄輩出的年代

專題

孔子與私學的興起

春秋戰國時期，社會的大動盪引起文化學術領域的創新。原來藏在官學中的典籍散落民間，掌握知識的新士人階層興起，種種因素，造成學術的下移。在這個新舊交替的時代，對中華民族以後的文化發展軌跡產生不可估量影響的一批思想巨人先後出現，宛若我們頭頂的恆星，光耀千古。孔子便是這些巨人中的一位，他是儒學的宗師，又被尊為新式教育方式——私學的開創者。

孔子生平和「仁」、「禮」之說

孔子（約前五五一～前四七九年），名丘，字仲尼，春秋魯國陬邑（今山東曲阜）人。他的先世是宋國的貴族，後來避難到了魯國。孔子的父親叫做叔梁紇，在魯國做下級官吏，十分威猛。根據《左傳》記載，有一次叔梁紇跟從魯軍進攻偪陽城，一部分魯軍攻進城去，這時守軍放下城門，要把魯軍攔腰截成兩段。就在這時，叔梁紇衝上前去，竟然用雙手撐住了懸門，城內魯軍得以撤出。叔梁紇晚年娶了一個名叫顏徵在的女子爲妻，生下了孔子。

孔子幼年喪父，家境貧困，但是他身在禮儀之邦魯國，從小受到魯人好禮風尚的浸染。他小時候做遊戲，常常擺放些盆盆罐罐當作禮器，好像舉行禮儀的樣子。孔子曾經說：「我少賤，多能鄙事。」他做過看管倉庫、管理畜牧的小吏。因爲常在貴族家裏當些賤職，孔子從中也習得了當時貴族階級的種種禮文。

孔子創建的「仁」學思想體繫，奠定了中國儒家學說的思想基礎。關於「仁」，孔子在不同場合有不同解釋。例如樊遲問什麼是仁，孔子說：「愛人」。這裏的「仁」，是理想的道德標準。孔子「仁者愛人」的思想包含有愛民、養民、利民、富民和教民等內容。孔子說：「夫仁者，己欲立而立人，己欲達而達人」，就是所謂的「忠」；又說仁是「己所不欲，勿施於人」，這是所謂的「恕」。「忠」，從積極的方面促進人的合作；「恕」，消極地彌解人類的衝突。

顏淵也曾問仁，孔子說：「克己復禮爲仁」。就是說一個人如果能夠約束自己，使自己的言論行動都合於禮，就是仁。至於克己復禮的具體內容，孔子說「非禮勿視，非禮勿聽，非禮勿言，非禮勿動」。「禮」是孔子學說的另一個重要內容。孔子不僅懂得當時現行的禮，他還注意到禮的沿革和本

孔府：孔府位於山東曲阜城內，是孔子後裔的官署和邸宅。孔府保存基本完好，被譽為「天下第一家」府第。

源。「禮」最重大的是祭，推究祭的心理根據，是人類的孝悌之心，推廣孝悌之心，就是「仁」。在孔子看來，「禮」不應該僅僅是一種形式，他認爲「仁」應是「禮」的基礎，應當把「仁」的精神注入已經僵化的「禮」的軀殼，「禮」才能發揮作用。

西周到春秋學校教育的變革

孔子不但是一位思想家，還是一位教育家。春秋戰國時期，是中國古典教育發展完善並臻於全盛的階段。學校教育在中國有著悠久的淵源。早在母繫氏族社會，各個部落就有學校的前身——公房一類的教學機構。到了夏、商、周三代，都有自己的學校，《孟子‧滕文公上》說：「夏曰校，殷曰序，周曰庠，學則三代共之」。其他文獻記載與《孟子》有所出入，但庠、序、學一類教學機構的存在是無疑。

西周是中國歷史上奴隸社會的鼎盛時期，在教育方面，建立起中國最早的官學製度。當時的學校都由國家興辦，西周王室和諸侯各國在京畿和諸侯國都設立的學校稱爲國學，那些設在郊區鄉里的叫做鄉學。國學是貴族學校，又分爲小學和大學兩級。小學是初等學校，國學學生念完小學，可升入大學進一步深造。他們一旦完成大學學業，經過官方考核，成績優秀者可以擔任國家高級官吏。與國學相比，鄉學則地位相對低下，它是招收郊區國人子弟入學的平民學校，只相當於國學的小學程度。它的學生完成學業後．經過層層篩選，只有少數成績特別優異者可進入大學，還有成

孔林古神道：西元前四七九年孔子辭世，史載「孔子葬魯城北泗上」，當初墓地不過一垣，後來孔子後裔及族人多葬於此，被稱為孔林。圖為通向孔林的古神道。

孔子學院

績優秀的，可出任地方政府的官員。至於比較偏遠地區的居民──「野人」──是沒有機會接受教育的。

國學中講授的內容由官方規定，主要是六藝。小學階段學習書、數等課程，大學學習禮、樂、射、御等課程。國學中沒有專職教師，老師由那些有學識的國家官員兼任。由於西周實行世襲官製，學官由官員兼任，所以也是世代相襲的。

西周時期，天子控製著教育大權，也壟斷著學術。宗室京畿，不但是全國最高學府所在地，也是全國文化教育中心，集中了大量的圖書典籍和人才。進入東周時代，王室衰微，失去了政治上的權威；它直接控製的領地很小，地方諸侯不再按製度經常性地向中央納貢，王室財力枯竭，學校連維持下去都感到困難；再加上王室內部為爭奪權力發生內訌，造成學員四下離散。這樣，官學賴以生存的政治經濟基礎日漸瓦解。隨著政治經濟權力的下移，學術也隨之下移。從周室逃離到各諸侯國的官員，其中多數是有知識、有技能的文官，他們在出走的同時也帶走了自身掌握的文化學術。昔日由政府掌握的學術，逐漸向民間傳播，從而使很多人掌握了知識和技藝，從前的官府之學也成爲春秋戰國諸子百家學說的淵源。

春秋末期，諸侯國之間的競爭更趨激烈，各國爲了謀求霸權或求得生存，招納賢才不遺餘力。在舊官學體製瓦解，而諸侯國又忙於攻戰無暇顧及教育的時候，對一種能夠承擔起培養人才的新的教育模式的急切需求產生了，私學由此應運而生。

所謂私學，是個人進行的辦學活動，它與官學相對，完全從國家機構中獨立出來，擺脫了「政教合一」、「官教合一」的體製。私學是一種相當自由的辦學方式。各國對私學沒有什麼條款的限製，甚至講授的內容也不加干預。私學的創立者中，多位是當世聲望高隆的學術大師，是獨立的自由職業者，官府不負擔其薪水和日常教學開支。教師根據自己的學識和見解安排課程，例如儒者講解六經，宣揚仁義之學，陰陽家講授天文曆象，而法家則傳播刑名之術等等。當然，爲了維持教學活動的進行，學生就學時要交納學費，同時負擔自己的開銷。他們師從哪個老師也完全憑個人意願，如果對老師傳授的課程不感興趣或者認爲老師水準有限，都可以自行離去，轉投他門。在私學中，師生之間不再是西周官學中的上下級關係，而轉爲學業上的師徒關係，師生之間的情感也是從學業上建立起來的。老師對學生言傳身教，關心他們的學習和進步，而學生接受老師學業教導，尊重老師。

孔子聞韶處：孔子三十五歲時離魯去齊，「聞韶樂，三月不知肉味」，圖為山東淄博齊故城東南的「孔子聞韶處」。

私學的老師往往也是抱有一

定政治理想的士人，他們聚徒講學，宣揚自己的學說，私學也因此成爲各家學派的論壇和基地。這些思想家兼教授爲了使自己的學術能在現實政治中實現，遊說於諸侯國之間，所以他們講學也沒有固定的時間和場所，叫做「遊學」。這樣一方面可以招收更多的學生，另一方面也可以擴大自己學說的影響力。一般來說，某家學派的理論越具特色，社會聲望越大，吸引的生徒也越多。遊學是私學的一個特點，也是它的一個獨特功能。遊學活動的展開，活躍了學術空氣，擴大了學術影響，拓寬了弟子們的視野，並在一定程度上促進了學術交流。例如墨子本是魯國人，曾經遊學到宋國，還做了官。

私學第一人

春秋戰國時期各家各派的私學林立，人們一般認爲孔子是創辦私學的第一人，現在看來，孔子辦的私學，無論從形式到內容都已經相當成熟，應該是吸收了前人開辦私學的經驗。據一些零散的古籍記載，在孔子之前或同時期，已經有一批有識之士舉辦私學。例如周室的老聃，楚國的老萊子，都曾經授徒講學，而與孔子同時期在魯國講學的王駘也很有名，孔子還曾經表示希望能夠拜會他。但是由於關於孔子辦學的歷史記載最多，他的辦學成績卓著，培養出的人才也最多，把私學提高到了一個新境界，所以我們還是尊孔子爲先師，推他爲私學的首創者。

孔子作爲儒學的創立者，同時也是一位著名的教育家。他在自己的祖國魯國三次辦學，又曾經兩度外出遊說於諸國，在這期間也招收了很多學徒。他一生潦倒，學說不被接受，但是培養了一大批衣缽繼承者。

孔子第一次公然提出了「有教無類」的著名原則，學生若虔誠求教，只需「自行束脩上」（就是送上一份禮物），而不論他的出身、性格、趣向如何。孔子招收的學生，沒有年齡、貧富和社會地位的限製。從年齡上說，他的弟子們老少參差不齊，其中顏元繇只小孔子六歲，較年輕的公孫龍則小孔子五十三歲。學生們貧富差別也很大。孔子最鍾愛的學生顏回，吃喝是「一簞食，一瓢飲」，住「在陋巷」，人不堪其苦，而另一個著名弟子端木賜（子貢），出生在春

秋時期的一個著名富商家庭。在社會地位上，孔門弟子也是貴賤有別。例如公冶長，曾經因犯罪被判刑入獄，顏涿聚曾是一位大盜，而孟懿子、南宮敬叔則是貴族子弟。孔子授徒還不受地域的限製，其門人很多來自諸夏之外的蠻夷之邦，而孔子也多次希望到開化未足的東夷去施行禮義教化。孔子「有教無類」的主張，體現了中國古代從未有過的普及教育觀念，對中國兩千多年的教育觀念產生了深遠影響。

孔子的教學內容很豐富。《史記・孔子世家》說：「孔子以詩書禮樂教，弟子蓋三千焉，身通六藝者七十有二人。」六藝教育，是繼承了西周官學的禮、樂、射、御、書、數的內容。孔門弟子身通六藝者雖眾，但孔子似乎講射和御的內容較少。六藝之外，孔子還教授儒家典籍六經。經過西周末年的變亂，原來藏於周室的圖書散佚很多。為了教學的需要，孔子兩次整理古籍，並加以改編。六經，就是孔子整理、刪定後的定型教材。

孔子在實踐中建立了先秦最為博大精深的教學原則和方法的體繫。他承認人在性格、氣質、才能等方面是存在差異的，主張「因材施教」。例如子路和冉求先後問孔子一個問題：「聽到了道理，是不是馬上就去做呢？」孔子回答子路說：「有父兄在，為什麼不先請教他們呢？」而對冉求的回答卻是：「聽到道理，馬上去做就可以了。」孔子另一個弟子公西華就問：「先生為什麼對同一個問題的回答不同呢？」孔子說：「冉求遇事退縮，所以要鼓勵他。子路性格急躁，所以要約束他不要蠻幹。」此外，《論語》中還多次記載了孔子對弟子們的不同評價，孔子根據他們的特點實施不同的個別教育。孔子善於啓發誘導學生，他說：「不憤不啓，不悱不發。舉一隅不以三隅反，則不

《孔門弟子像圖》，絹本設色，縱三十三·二公分，橫四百六十四·五公分，南宋佚名畫家繪。此卷描繪孔子門徒計三十七人，皆為立姿。

復也」；對於學習中獲取外部知識和主觀消化吸收的關係，他說：「學而不思則罔，思而不學則殆」；孔子有一句名言：「溫故而知新」，講的是學生掌握教師所傳授的知識，形成能力，並獨立獲取新的知識。凡此種種，都是孔子對於教學的創新和獨到見解。

孔子一生遊學足跡遍及魯、衛、曹、宋、楚等大大小小十幾個國家，招收的三千門徒遍於天下，使儒學在夷夏諸邦都播下了火種。在他死後，其弟子散遊各國，「大者爲師父卿相，小者友教士大夫」，產生了巨大的社會影響。

孔子的「流動教學」——遊學在交通不便，世局動盪的條件下，顯得十分辛苦，更讓孔子灰心的是他的學說得不到採納，但是他「知其不可爲而爲之」，未曾放棄自己的政治理想。他的學生中，他更爲喜歡的也是那些能夠做出實事的早一輩弟子，而不是純粹學習《詩》、《書》的後生。

孔子以他淵博的學識和高尚的人格贏得了學生的愛戴。他死後，弟子們悲痛至極，爲他守墓三年方才各自散去，而學生子貢緬懷老師未已，在墓旁結廬又生活了三年。孔門弟子對於孔子的感情，代表著春秋戰國時期學生們對私學老師的普遍尊崇。

到了戰國時期，隨著社會局勢的巨變和民間學術文化的發展，又有許多哲人、學者投入到教育行列之中，以一家之言立教。其中最突出的有墨子、孟子、荀子等人，他們以所學傳習天下，私學門戶紛呈而又不拘於私見，與百家爭鳴的學術文化繁榮局面珠聯璧合，相映生輝。

一縱一橫動天下

馬陵之戰後，戰國局勢發生了重大變化。昔日最為強勢的魏國衰落，秦、齊兩大強國東西對峙，尤其是新興的秦國，聲勢咄咄逼人。秦、齊二強不斷發動戰爭，為了爭取在兼併戰爭中獲勝，齊國和秦國都展開了爭取盟友，孤立敵國的外交鬥爭。而韓、趙、魏等國在不同時期，根據形勢的變化發展也採取了聯秦抗齊和聯齊抗秦的政策。他們這些「沒有永恆的朋友，也沒有永恆的敵人，只有永恆的利益」的錯綜複雜的結約活動，被稱為「合縱」和「連橫」。在合縱和連橫的鬥爭中，有一批遊士和食客往來奔走於各國之間，為各國君主出謀劃策，影響巨大。因為他們的學說以如何處理合縱和連橫為主要內容，講究權變，歷史上把這些人叫做縱橫家。

縱橫家產生

縱橫家的出現是春秋戰國時期社會巨大變動的產物。春秋時期周王室衰微，諸侯爭霸，小國滅亡踵繼。原來依附於王室和諸侯的史官大量流散到四方，其所學也隨之流布民間。春秋時期「國」「野」界限逐漸被打破，鄉學普及，加速了學術在民間的傳播。這樣，學術在於官府的局面隨之改變，平民有了學習的機會，一個新的知識階層——新士人應運而生。新士人有的還來自大夫家臣。當時的家臣不但博學多聞，而且往往驍勇善戰。最後，在社會變革的春秋戰國之際，有大批的沒落貴族被拋進了平民階層，他們過去受過教育，也成爲新士人的一個來源。

新士人是一個有著廣泛社會關係和很大社會影響的階層。他們有獨立的人格和思想，可以按照自己的意思著書立說或發表言論，成了這一時期不同階級和階層的思想代表。按照所持學說的不同，他們又分爲各個學派，縱橫家即是其中一派。和其他新士人一樣，縱橫家在政治和經濟上擺脫了過去士對貴族的依附關係，他們奔波於各諸侯國，能用則留，不用則去，具有相當的獨立性。戰國時期各國國君都非常重視招納人才，即使他們在其他的國家擔任職務，只要能爲己所用，也照樣能委以重任。所以那時往來於諸國之間的縱橫家可能同時擔任幾國高官。

張儀替秦奔走

戰國時期，最早發起合縱的是魏國的公孫衍，其後合縱的組織者以燕國的蘇秦最爲有名。而組織連橫最有成效、最著名的是秦國的張儀。

張儀是魏國貴族的後代，他曾經到楚國遊說，和楚相飲酒。不久楚相發現自己的一塊玉璧不見了，他的手下都猜測是張儀偷的，說：「張儀貧

杜虎符：戰國秦惠文君時期，通高四·四公分，長九·五公分，厚○·七公分。虎符是古代帝王兵權和調兵遣將的信物。此符作猛虎行走狀，尾部捲曲。符上刻有錯金篆書四十字：「兵甲之符，右在君，左在杜，凡興土被甲，用兵五十人以上，必會君符，乃敢行之，燔燧之事，雖毋會符，行殹。」杜虎符中的文字反映中國古代的用兵製度，為我們研究戰國的政治、軍事史提供了重要的資料。此符也是中國現存最早的虎符。

困，品行也不好，盜璧的多半就是他。」於是大家抓住並鞭打他，張儀不肯承認，只好釋放了事。張儀的妻子說：「要是你不去讀書遊說，怎麼會受到這樣的羞辱的呢？」張儀對妻子說：「妳看看我的舌頭還在不在？」他的妻子笑著說：「還在。」張儀說：「這就夠了。」西元前三二九年張儀進入秦國，被秦惠文王拜爲客卿，直接參與謀劃討伐諸侯的大事。西元前三二八年，張儀與公子華帶兵攻魏，奪取了魏國的蒲陽城。這時，張儀建議秦王把蒲陽歸還魏國，並且派公子繇到魏國去做人質，向魏國示好。而他利用護送公子繇人魏的機會與魏王接近，遊說魏王投靠秦國。結果魏王被張儀說動，割地與秦，兩國結好。張儀的連橫政策首戰告捷。張儀也被秦王提拔爲相，代替了公孫衍的大良造職位。公孫衍是魏國陰晉（今陝西華陰縣）人，流傳下來的事蹟不多，但在當時一些人的心目中與張儀是齊名的。公孫衍宣揚合縱，張儀力推連橫，他們二人在政治和私人關係上都是對頭。這樣，公孫衍因得不到重用而離秦奔魏。秦魏雖暫時和解，但是秦國擴張的戰略並沒有改變。過了兩年，背信棄義的秦惠文王又派張儀攻魏。魏國上下一片恐慌，企圖依靠齊國對抗秦國。由於張儀從中挑撥離間，又極力爲秦國拉攏齊國和楚國，結果齊、楚共同打擊魏國。西元前三二四年，由秦歸魏的公孫衍趁機發起魏、趙、韓、燕、中山「五國相王」，就是五國國君都宣佈稱王，互相承認，

聯禁龍紋壺：兩壺並列座上，壺口及腹部加飾細密蟠虺紋。兩耳呈伏龍形，座下有四獸形足。

用意是聯合抗秦，藉以增強魏國的防禦力量。但是，楚國就在當年發兵攻魏，在襄陵大敗魏軍，佔領了八個城邑。「五國相王」沒有達到預期效果，魏與齊、楚卻結下了深仇。這時，魏國已經陷於孤立，張儀認為聯合它對付他國的時機已到。西元前三二三年，張儀約集齊、楚、魏三國執政大臣在挈桑相會，試圖為魏國調停，以討好和拉攏魏國。魏惠王在此後果然放棄公孫衍的合縱政策，而接受了張儀的聯合秦、韓以對付齊、楚的政策。

一年之後，張儀辭掉秦國相位，來到魏國，魏王馬上任命他為魏相，但實際上張儀是為秦國的利益在魏國活動。公孫衍取得韓國當權者的支持，破壞了張儀聯合秦魏的政策。張儀的陰謀敗露，被驅逐回秦國。西元前三一九年，公孫衍在齊、燕、趙、韓、楚五國的支持下做了魏相。次年，他發起合縱，聯合東方的魏、趙、韓、燕、楚五國，聯合伐秦。當時曾推楚懷王為縱長，但由於各國的利害關係不同，楚、燕兩國對合縱不熱心，沒有出兵。結果在西元前三一七年的脩魚（晉河南原陽西）之戰中，三晉聯軍大敗於秦軍，斬首八萬，這次合縱以失敗告終。

秦國的強盛，給其他各國造成了嚴重的威脅，於是東方和南方的兩強——齊國和楚國——互相結盟，加強了與秦國爭雄的力量。因此，齊楚聯盟成了秦國的心腹之患，而離間齊楚聯盟，削弱齊楚力量就成為秦向東擴張過程中的關鍵。

西元前三一三年，張儀來到楚國見楚懷王，稱秦國最痛恨的就是齊國，想要攻打它，如果楚國斷絕與齊國的關係，

角形銅器：器形作獸角樣，外壁飾有陰線雲雷紋，中間用兩道燕尾紋帶和一道雲紋帶分隔成兩段。整個器形和紋飾明顯帶有古代越族的文化特徵。

錯銀鳳紋銅尊：尊蓋上有四個鳥形的鈕飾，蓋頂隆起，蓋面飾有鳥紋、卷雲紋和變形鳳紋。此尊紋飾用銀嵌錯，變化多端，構思精巧，是楚地銅器嵌錯工藝中的精品。

秦王就獻出商於（今河南淅川西南）一帶六百里的土地給楚國。目光短淺的楚懷王中計了，決定和齊國斷交，任命張儀爲相，派人去秦國接管土地。張儀假裝墜車受傷，三個月不上朝。楚王以爲張儀嫌他與齊國斷交的意念不誠，於是派人罵了齊王一頓。齊王盛怒之下，和秦國聯合起來，要對付楚國。這時張儀卻翻臉不認帳，對使者說：「秦國的土地怎麼可能隨便送人呢？我答應讓給楚國的是我的六里封地，不是什麼六百里。」楚王聽到使者的回報，大怒，立即調集大軍進攻秦國。西元前三一二年，秦楚戰於丹陽（今河南丹水北），楚軍被打得大敗，主將和副將都被俘虜，斬首八萬餘人。楚國的漢中也被秦國奪去。失敗的消息傳到楚國，懷王老羞成怒，傾全國之力進攻秦國。同年，秦楚又戰於藍田（今屬陝西），楚軍再次大敗。這時，韓、魏兩國趁火打劫，攻擊楚國，一直打到鄧（今河南鄧縣）。楚軍兩面受敵，只好割城與秦國，草草撤兵。

秦王派使者知會楚王，說願意以秦國武關以外的地方換取楚國的黔中地。懷王對張儀痛恨未已，說：「只要得到張儀，就願意獻上黔中地。」張儀聽說後請求到楚國去，秦王認爲危險，張儀說：「秦強而楚弱，楚王不敢隨便處死我。我賄賂過深受楚王愛姬鄭袖信賴的大臣靳尙，而鄭袖的話，楚王多半要聽。只要我買通靳尙去勸說鄭袖，性命便可無虞。」張儀到楚國後，楚王將他關押起來，這時靳尙向鄭袖說情。鄭袖對楚王說，殺掉張儀於事無補，而且勢必破壞與秦國的關係，不如放掉張儀，與秦國和親。懷王果然聽從了她的意見，放了張儀。

過了不久，秦惠王病死，武王繼位。武王自幼討厭張儀，群臣中忌妒張儀的又趁機向武王進讒言，張儀害怕大禍遲早降臨，因而辭掉相位，去了魏國，並於西元前三一〇年病死。

從西元前三二八年開始，張儀遊說於魏、楚、韓等國之間，利用各國之間的矛盾，或組織連橫，或拆散合縱，爲秦國利益謀劃。儘管他不講信義，在外交場上運用欺騙伎倆，爲人所不齒，但在整個秦惠文王時期，他使秦國在外交上連連取得勝利，爲秦國開疆拓土，日後統一六國立下了汗馬功勞。蘇秦爲燕謀利楚國被擊敗後，秦、齊兩強東西對峙，對各弱小國家構成威脅，在這樣的形勢下，著名的合縱者蘇秦，開始活動於政治舞臺。蘇秦是東周洛陽人。相傳他曾到齊國跟隨鬼谷子先生學習，後來外出遊說了幾年，沒有人理睬他，他的盤

「單」匜：盥洗器。器形呈瓢狀，有寬大的流口和龍形的鋬，蹄狀足。口沿裝飾有變形竊曲紋，腹部飾有橫條紋。內底刻有十五字的銘文，記載了器主人。

《史記 蘇秦列傳》中記載的蘇秦合縱戰略

纏耗盡，只好返回家鄉，遭到親人和鄉里的冷遇和嘲諷，於是更加發憤讀書，「頭懸樑，錐刺股」，終於學業大進。西元前三一四年，燕國發生內亂，齊國乘機大舉攻燕，幾乎滅掉了燕國。 第二年，燕昭王即位，他不忘亡國之恥，廣納賢才，力圖報仇，燕國國力逐漸增強。這時蘇秦來到燕國，他受命出使齊國，勸說齊宣王歸還了燕國土地，他因此受到燕王器重。他一生主要謀求燕國的強大，在齊國從事反間活動，同時奔波於齊、趙、韓、魏等國之間，組織合縱攻齊和合縱攻秦。

西元前二八八年，秦昭王和齊王相約稱帝，秦為西帝，齊為東帝。秦齊聯合對其他國家更加不利，燕昭王於是再次派蘇秦到齊國，勸說齊王進攻宋國。宋處在齊國南面，齊若攻宋，必然就減弱北面對燕的防守；宋與楚、魏接壤，而且還和秦國交好，齊國進攻宋國，肯定與這三個國家產生矛盾，處於四面樹敵的地位。蘇秦又勸齊王放棄帝號，孤立秦國，拉攏各國反秦，以便乘機滅宋，齊湣王採納了他的主張。於是蘇秦分別遊說韓、趙、魏、燕四國國君，各自出軍兵糧草，進攻秦國，推選趙國宰相奉陽君為合縱長，而實際上由蘇秦一手操縱。這次合縱聲勢很大，聯軍與秦國軍隊對峙在滎陽、成皋一帶。然而，各國表面上聯合起來了，但其實各自都有自己的打算。齊國乘各國無暇東顧之機，同時出兵攻打宋國，引起各方不滿。秦國乘機對五國聯盟進行分化瓦解。齊國既不賣力，其他各國自然也都互相推讓，逡巡不進，聯軍始終未與秦發生大規模的戰爭。儘管如此，這次合縱還是取得了一些成果，秦昭王放棄了帝號，退還了過去所占魏國、趙國的一些土地。

西元前二八六年，齊國滅掉了宋國，土地和人口大大擴張，引起了震動，各國感到了齊的強大壓力。秦國乘機約上韓、趙、魏、燕攻齊，在濟西大敗齊軍，燕昭王乘機派樂毅率軍南下攻入齊國。由於齊王對蘇秦的信任，所以對燕毫無防備，齊大敗，幾乎亡國。但蘇秦身在齊國心在燕的間諜身份也完全暴露，被處以車裂之刑。從此以後，東方巨人齊國一蹶不振，秦國獨霸的局面形成。

在蘇秦之後，隨著各國鬥爭形勢的變化，又出現了一批縱橫家，例如李兌、信陵君等人也曾發起和組織合縱，但是無論從規模上還是影響上都比不上以前。

戰國時期的縱橫家，心懷機詐權謀，口含巧舌如簧，活動於政治舞臺，一旦他們的主張被採納，各國關係可能面臨調整，關係到一國興衰，所以《孟子》上說：「公孫衍、張儀豈不誠大丈夫哉！一怒而諸侯懼，安居而天下熄。」足見他們的影響力之大。

龍首耳銅：此器為平底，斂口。腹外有對稱的龍首形附耳，腹部飾有蟠螭紋和三角雲紋。整個器形簡單大方，雕飾精細。

古老的地理著作——《禹貢》和《山海經》

地理環境是人類生存活動的基地，中國的先民們從遠古開始，就逐步積累了一定程度的地理知識。進入夏、商、周三代以後，農牧和手工業有了發展，商品交換增加，人們的活動範圍也越來越大，對自然界有規律現象的觀察也越發細緻和深入，地理知識也開始豐富起來。為了對積累起來的地理資料進行初步的綜合整理，以服務於生產和政治、軍事的需要，春秋戰國時期先後出現了中國最古老的地理著作《禹貢》和《山海經》中的《五藏山經》等。

地理學之祖——《禹貢》

《禹貢》是《尚書》中的一篇，大概是中國古代最完整、有繫統、有科學性的地理記載，文簡而賅，一直被奉爲地理學之祖。戰國秦漢以來，人們一直認爲它是大禹本人或禹時代對大禹治水過程的一部記錄，同時順及與治水有關的地理狀況和把貢品送往當時的帝都所在地冀州的貢道。《禹貢》的序說：「禹別九州，隨山浚川，任土作貢。」《禹貢》大約成書於春秋末期和戰國初期。它以地理爲徑，分天下爲九州，這是撰著者理想中的政治區劃，此外山脈、河流、土壤、天地、物產、道路，以及各地的部落，無不詳加論述。

《禹貢》全篇共一千一百多字，約爲四部分：第一部分是最主要的部分，把中國東部按自然條件的河流、山脈和大海等分界，劃分爲九州。之後簡括各州境內的山、水、澤、地，然後較詳細敍述其土壤，三等九則的田賦，動、植、礦的物產和手工業，及其轉運的貢道。

《禹貢》所說的九州，包括冀、兗、青、徐、揚、荆、豫、梁、雍。冀州相當於今山西省和河北省的西部、北部以及太行山南河南省的一部分土地；兗州與冀州當時以黄河爲界，包括今河北省東南部、山東省西北部和河南省的東北部；青州在今山東省東部；徐州相當於今山東省東南部和江蘇省北部；揚州在淮海之間，是今江蘇和安徽兩省淮水以南，兼有浙江、江西兩省的土地；梁州大概包括今陝西南部和四川省，或者還包括四川省以南的一些地方；雍州的具體範圍和梁州一樣，現在不能十分確定，大約在今陝西省的北部和中部、甘肅省（除東南部）和青海省的東部。

各州的土壤、植被、特產、田賦，《禹貢》中都作了描述，較真實地反映了各個地區的地理特色。例如對冀州和兗州的描述，指出冀州土是一種鬆散的白色土壤，歲收屬於上等，有些地方較差，田地屬於中等，當地人穿皮衣服。兗州土壤是黑色的肥土，草木茂盛，田地屬於中等，以桑

東周列國建築構想圖

田養蠶，向帝都進貢漆和蠶絲。

《禹貢》對於當時以黃河爲中心的水繫網路記述得井然有序，提供了古河道情況的寶貴歷史資料。貢道，是作者對全國水道交通繫統的構想，以帝都安邑爲各條送交貢賦道路的目的地：冀州夾右碣石入河；兗州浮於濟、漯，通於河；青州浮於汶，達於濟；徐州浮於淮、泗，達於河；揚州沿於江海，通於淮泗；荆州浮於江、沱、潛、漢，逾於洛，至於南河；豫州浮於洛，入於河；梁州浮於潛，逾於沔，入於渭，亂於河；雍州浮於積石，至於龍門西河，會於渭、汭。因爲時代的侷限，這些記載不盡確切，但作者能夠有這樣宏偉的設計，對於當時的天下形勢是相當瞭解的，對於當時的地理山川也是較爲熟悉的。

《禹貢》書影：《禹貢》是古代著名的地理著作。該書打破了當時諸侯割據的政治疆界，假託大禹把全國分為九州，分別 述了各州的地理概況，並對黃河、長江兩大流域的山川、土壤、物產、貢賦、交通等，作了比較全面的描述。《禹貢》是歷史上出現較早、影響很大的一部自然地理考察著作和原始經濟地理著作。

第二部分是導山，按從北到南的順序列出了四列山繫，自西向東延伸，而且是西部集中，東部分散，正確反映了中國西部多山，東部平坦，西高東低的地形特點。

群山分爲四繫：

第一繫，自岍至碣石十二山，在黃河北岸

第二繫，自西傾至陪尾八山，在黃河南岸

第三繫，自嶓塚至大別四山，在漢水流域

第四繫，自岷山、衡水至敷淺原，在長江流域。

這部分對黃河兩岸山勢，敍述首尾詳細明晰，但長江流域諸山則比較模糊。

第三部分是導水，分爲九繫，對九條河流的水源、流向、流經地區、匯納的支流和河口等內容都作了敍述。這九

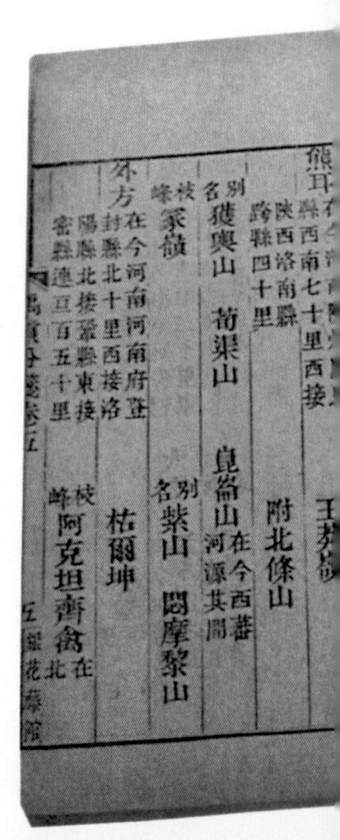
附北條山
別名 獲輿山 荀渠山
皁谷山在今西番河源其間
枝峰 冢嶺
別名 紫山 悶摩黎山
外方在今河南河南府登封縣北十里西接洛陽縣北接冢縣東接密縣連亘百五十里
枯爾坤
枝峰 阿克坦齊禽在北

條河流分別是弱水、黑水、黃河、漾水、江水、沇水、淮水、渭水、洛水。中國以農立國，作者大概假借大禹治水的故事，描繪全國與農業有關的水利，可作經濟地理看待。由於江河河道變遷，加上此部分與導山一樣，明北晦南，詳於冀而略於梁，所以今天要考證清楚各條河流已經不大可能。

最後部分附帶修正《國語・周語》的「五服」製，規定甸、侯、綏、要、荒各五百里，它不受諸侯割據形勢的局限，把廣大的地區看作一個整體，以帝都爲中心向外擴展，所言範圍遠超當時實際瞭解的地域。這反映了作者政治上的大一統思想，但與九州製不免矛盾。

《禹貢》在中國地理學歷史發展過程中具有重要地位，它關於九州區劃、山岳關聯、水道體繫、交通網絡以及土壤、物產、景色的描述，都體現出明確的地理觀念，所以它對中國後世地理學的發展產生了深遠的影響。

荒誕與真實並存—《山海經》

除了《禹貢》，到西漢末年才通行於世的《山海經》也包含了先秦時代豐富的地理知識。《山海經》是一部內容豐富、風貌獨特的古代著作，包含歷史、地理、民族、神話、宗教、生物、水利、礦產、醫學等諸方面。《山海經》的今傳本爲十八卷三十九篇，由《山經》、《海經》和《大荒經》三部分組成。其中《山經》五卷，包括《南山經》、《北山經》、《東山經》、《中山經》，共二萬一千字，占全書的三分之二。《海內經》、《海外經》八卷，四千二百字。《大荒經》及《大荒海內經》五卷，五千三百字。

《山經》大約是戰國後期寫成的，包括五篇，在結尾處有「天下名山經五千三百七十山，……居地也，言其五藏」的文字，所以又被稱爲《五藏山經》。所謂五藏，可能兼有地分五區，書分五篇的意思。

《五藏山經》以山爲綱，把中國的山地分爲中、南、西、北、東五個走向繫統，每個繫統中的許多山又被分爲若干行列，即若干次經，依次分別敍述它們的起首、走向、相距里數和結尾。雖然當時還只有把山隔成行列的概念，而缺乏山勢連綿的意義，但在敍述每列山岳時記述山的位置、高度、走向、陡峭程度、形狀、谷穴及其面積大小，並注意兩山之間的相互關聯，有的還涉及植被覆蓋密度、雨雪情況等，顯然已具備

彩繪鳳紋帶流杯：最大口徑十九·三公分，高十公分。木胎。杯口近似桃形，流雕作鳳口銜珠狀。外壁以朱、黃、金色彩繪勾連雲紋、鳳紋等紋樣。

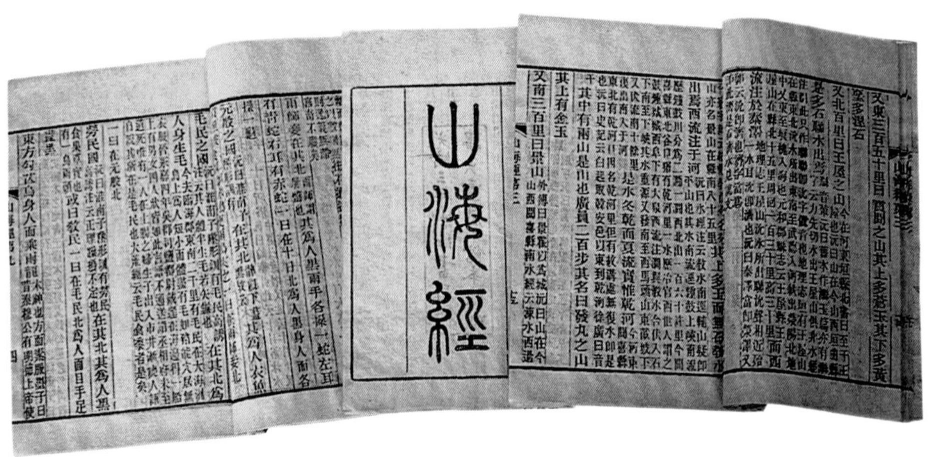

《山海經》書影

了山脈的初步概念，堪稱中國最早的山岳地理書。《五藏山經》中的有些山名現在還在使用，但由於原著對五大繫統中各個山列的方位、距離的說明不夠準確，加上一些虛構、誇張的內容，造成後人的許多誤解和爭論。

《五藏山經》敍述的地理範圍從黃河流域的中原地區一直延伸到長江流域，反映出當時人們的地理視野已經相當開闊。其中《東山經》的範圍包括今山東及蘇皖北境，東到大海。包括四十六座山，分爲四次經，大致都呈南北走向。《北山經》西起今內蒙、寧夏騰格里沙漠賀蘭山，東抵河北太行山東麓，北至內蒙陰山以北。有山八十七座，由東而西分成三次經，其中不少山名至今可考，不過誇大了各國山之間的距離。《南山經》東起浙江舟山群島，西抵湖南西部，南抵廣東南海，包括今浙、贛、閩、粵、湘五省。有山四十座，從北到南分爲三次經，都是東西走向。《西山經》東起山、陝間黃河，南起陝、甘秦嶺山脈，北抵寧夏鹽池西北，西北達新疆阿爾金山。有七十七座山，由南而北分爲四次經，大致分佈在今山西、陝西兩省之間的黃河大峽谷以西。

《中山經》論述的範圍大致在巴、蜀和東部的湘、鄂、豫部分地區。包括九十七座山，分爲十二次經，基本都是東西走向。這一部分敍述得最爲詳細，大概是作者最熟悉的地方。

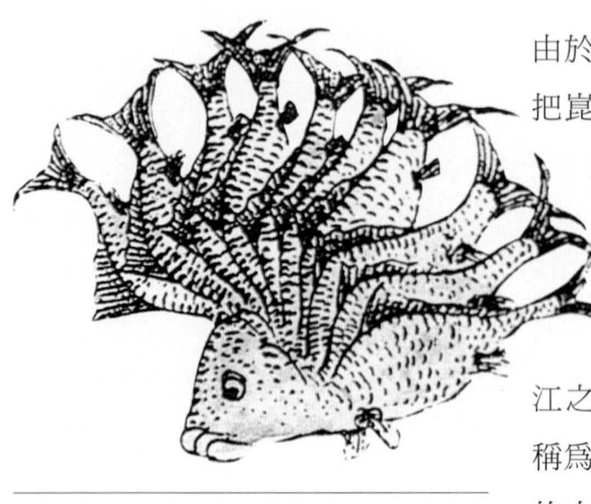

何羅魚：據《山海經 北山經》載，此魚生長在譙明山（現代地名待考），一頭十身，食之可治癰疽。上古時代，人們的知識和涉足的地域有限，因此在《山海經》中涉及地方物產和人類活動時，常帶有傳說的成分。

《山經》中還有關於河流的內容，敍述其發源與流向，還注意到河流的支流或流進支流的水繫，包括某些水流的伏流和潛流的情況以及鹽池、湖泊、井泉的記載。它一共記述了三百五十八條河流和湖泊，粗略勾劃出了北至黃河流域，南至長江中下游的水繫分佈情況。關於黃河源頭，《北山經》說：「敦薨之水，流入泑澤，出於崑崙之東北隅，實惟河源」，又稱：「積石之山，其下有石門，河水冒以西流。」

這似乎是想把黃河之源推向積 石山以遠地區，誇大河源遙遠，但由於當時地理考察的局限性，因而把崑崙山以北很遠的羅布泊水繫和崑崙山以東的黃河水繫不切實際地混連起來，把前者當作黃河的上源。這個錯誤的說法對後世影響頗大。關於長江之源，《中山經》把「岷山之首」稱爲女凡之山，其水是「東注於江」的支流，「又東北三百里曰岷山，江水出焉，東北流注於海」。這是沿襲「岷山導江」的說法。

《五藏山經》關於其他自然地理的知識也很豐富。例如《南山經》說「南禺之山，……其下多水，有穴焉。水春輒入，夏乃出，冬則閉。」這是對南方山地喀斯特溶洞的描述。又如「白沙之山，……鮪水出於其上，潛於其下」，這是關於潛流或地下暗河的描述。關於北方乾旱和半乾旱地區季節性或間歇性河流，有「教山，……教水出焉，西流注於河，是水冬乾而夏流，實惟乾河」等記載。《西山經》還有對火山的描寫：「南望崑崙，其光熊熊」。

《山經》中還記述了許多具有區域自然地理特色的內容。例如對西部高山地區的描寫：「申首之山，無草木，冬夏有雪。」《南山經》中有「多桂」、「多象」、「多白猿」的敍述，反映了熱帶和亞熱帶的區域特點。凡此種種，不一而足。

到了秦漢以後，有人將《海經》和《大荒經》與《山經》合併成《山海經》。《山海經》是一部記錄遠古自然地理和人文地理的專著，它記述著中華民族文明與文化的起源和發展，以及這種生存與發展所憑依的自然生態環境。

《海經》和《大荒經》記載的內容雖然也有一些地理學方面的內容，但是大都不準確，包含了眾多的神話傳聞和詭譎荒誕的內容。正因爲如此，清在編撰《四庫全書》時把此書列入小說類。到了二十世紀，一批學者重新研究《山海經》，取得了重要成果。顧頡剛的《五藏山經試探》，提出了許多極爲精闢的見解，使人們認識到《山海經》的科學價值。其後，譚其驤又利用《山海經》中豐富的河道資料，考證出一條最古的黃河故道。《山海經》尤其是《五藏山經》在地理學上的科學地位，得到進一步確立。

刑天：《山海經　海外西經》說，刑天與黃帝爭位、廝殺，最後被黃帝砍斷了頭，把他葬在常羊山麓。刑天雖斷了頭，卻仍不泯志。他以乳頭為目，以肚臍為口，操盾牌、大斧繼續揮舞，與黃帝再決雌雄。這段傳說的神話色彩極濃，反映了中國遠古時代氏族部落之間血腥爭鬥的歷史。

曾侯乙墓

春秋戰國時期，諸侯國林立，只有少數大國的宏功偉業流傳於史冊，揚播於閭巷之間，為人們所熟知。眾多的小國卻逐漸消失在歷史的記憶之中，例如東周時期先後被楚國吞併的「漢陽諸姬」，史籍中對它們只有零星記載。然而，在上個世紀七十年代末，歷史的迷霧終於被撥開了一層，一個重大的考古發現將人們領入二千多年前「漢陽諸姬」之一——曾國輝煌燦爛的文化當中，這就是曾侯乙墓。曾侯乙墓位於湖北省隨州市城關西郊擂鼓墩附近。由於隨州地處南方荊楚文化與中原華夏文化交流與薈萃之地，所以曾侯乙墓的文化內涵有顯著的時代特徵和地域特色。

音樂聖殿

中國民族音樂的發展歷史悠久，但隨著時間的流逝，許多史籍有載的樂器逐漸湮沒無聞，難聞其聲；有的樂器殘缺不全，或者眾說紛紜，莫衷一是。曾侯乙墓中出土的樂器數量極多，品種全面能夠形成配套，規模也最大，是中國樂器史上的大發現。其中的十弦琴、均鐘、排簫，為早已失傳的品種，它們的發現意義十分重大。

曾侯乙墓出土的大批樂器，以其品類之多、數量之眾、規模之大，展現了當時音樂藝術的輝煌成就。根據《周禮・春官》，中國傳統樂器按製造材質可分爲「八音」，即金、石、木、革、絲、土、匏、竹八類。曾侯乙墓出土的樂器按「八音」分類，編鐘爲金，編磬爲石，建鼓、懸鼓、手鼓爲革，琴瑟爲絲，鹿鼓爲木，匏有葫蘆笙，排簫等爲竹，只缺土質樂器。這些樂器件件製作精美絕倫，在地下埋藏二千四百餘年而不朽，出土時擺設位置還保持著當年下葬時的原狀，這在中國考古史是沒有前例的。此墓出土的九種一百二十五件樂器，分屬兩個樂隊使用。出自中室的

曾侯乙編鐘：曾侯乙墓的隨葬品。由一件鎛鐘、四十五件甬鐘和十九件鈕鐘組成，分三層懸掛於曲尺形鐘架上。長邊長七・四八公尺、高二・六五公尺；短邊長三・三五公尺、高二・七三公尺。每件鐘都標有音銘，並且都能發兩個音，音高準確，十二個半音齊備。可以旋宮轉調。融金屬工藝與聲學技藝於一體，是中國文化史上的經典之作。下頁圖為編鐘下層的銅人柱。

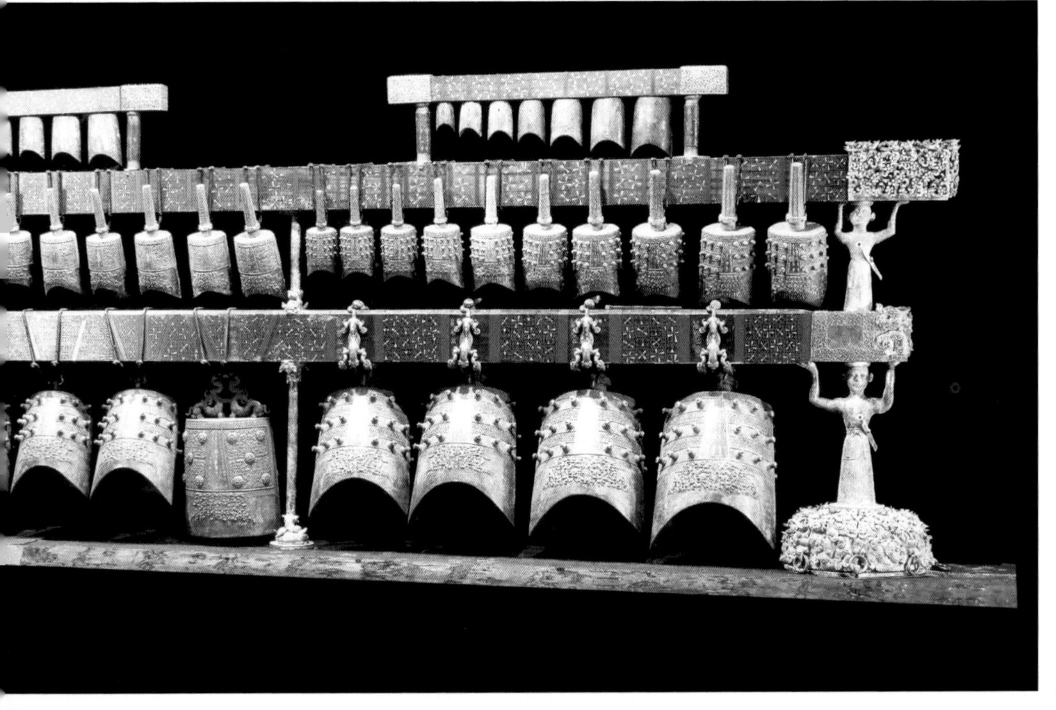

一百一十五件鐘、磬、鼓、簫、笙、箎屬於「廟堂樂隊」，按照禮製規定來編組，不僅娛人，而且也在祭天祀祖等儀式上演奏。東室的七件樂器主要用來爲人提供娛樂欣賞的享受，屬於「寢宮樂隊」。各有自己的主要功能與表演技藝的兩個樂隊、兩組樂器，是曾國音樂藝術高水準的反映。

鳥首形玉佩：青黃色，半透明，扁平體，器作鳥首形，通體飾卷雲紋等，上端有可作穿繫的小孔，便於佩繫。

編鐘是中國具有悠久歷史的打擊樂器，爲古代宮廷樂器的最重要的組成部分，是擁有者權位、身份的象徵。曾侯乙墓出土的一套編鐘，包含銅木結構的鐘架一副，青銅掛鐘六十五件以及掛鐘構件和演奏工具。整架編鐘在墓坑積水中長期浸泡，竟然毫無銹蝕，這種罕見現象令人驚歎不已。六十五件編鐘可分爲鈕鐘、甬鐘、鎛三類，它們放置有序，使鐘架既達到飽和狀態，又能夠方便演奏者演奏。全套編鐘不同層、組的鐘，音色各有特點：上層鈕鐘音質清脆嘹亮，餘音較短；中層甬鐘音質圓潤，餘音適中，爲演奏樂曲旋律的主要部分；下層大鐘聲音深沉渾厚，氣勢磅礴，餘音較長，適於和聲，用來烘托氣氛。整套鐘合奏時多種音質音色混

建鼓座：建鼓是一種貫柱大鼓。此器是最早的建鼓實物，也是現今所見最精美的一件先秦建鼓座，出土時僅存鼓腔、貫柱和鼓座。銅座由十六條大龍和數十條攀附其身的小龍糾結穿繞而成。龍身鑲嵌綠松石。全器用了圓雕、浮雕、陰雕技法和分鑄、銅焊、鍰焊（鉛錫合金的低熔點焊）等工藝。

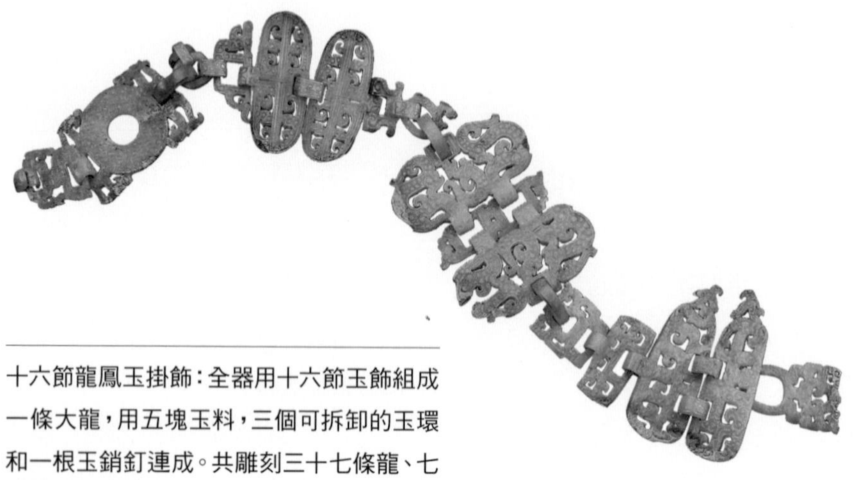

十六節龍鳳玉掛飾：全器用十六節玉飾組成一條大龍，用五塊玉料，三個可拆卸的玉環和一根玉銷釘連成。共雕刻三十七條龍、七只鳳、十條蛇，採用了透雕、平雕、陰刻多種技法。出土時這件玉飾置於墓主頭部，可能是用於冠飾的玉纓。全器設計精巧，雕刻精細，是先秦玉器中罕見之作。

合，優雅和諧。又因爲鐘架呈曲尺形三層，演奏時樂音有了三維立體效果，高低錯落有致，音韻跌宕。從聲學和音樂學的角度考察，這件鐘有一個最爲奇妙的地方：敲擊每個鐘的鼓（鐘體下部）的口沿正中和鼓部兩側，能發出兩個不同頻率的樂音，這兩個音可以單獨也可以同時擊發，而且互不干擾。

全套編鐘音域寬廣，跨五個八度又一大二度，比現代鋼琴高低僅各差一個八度。經過研究，這套鐘是以姑洗律爲標準設計製作，就是按照現代

金縷玉璜：玉璜是貴族服飾上組佩的一件，常與塊，璧等編聯佩帶。

的C調來調製的，這說明春秋戰國之際，中國已存在絕對音高和相對音高的概念，打破了過去一些西方人持有的「中國直到戰國晚期受到西方影響才有相對音高的概念」這一說法。

曾侯乙編鐘的鐘體、鐘架、掛鐘構件上共有銘文三千七百多字，內容除少數記事外，絕大多數都和音樂相關。其中字數最多的是鐘體銘文，六十五件鐘上有二千八百多字，內容主要為記事、標音和闡述樂理關係。這些銘文堪稱目前所見世界上最早的樂理書，將其與測音所獲音響資料對照研究，中外音樂史上許多長期以來爭論不休的問題迎刃而解。例如唯一沿用至今的一套中國傳統樂律十二律，有人認為它是漢朝由希臘傳來而後漢化，曾侯乙鐘銘文中出現的十二律及其異名達二十八個，其中大多數早已失傳，證明曾國十二律已經過漫長的發展過程，外來之說不攻自破。另外還有中國何時使用七聲音階的問題，長期以來沒有定論，甚至有七聲音階是漢以後隨著佛教從國外傳入的說法。在曾侯乙鐘銘文的考釋和編鐘的演奏實踐中，證明了鐘磬銘文的階名包括傳統的宮、商、角、徵、羽，還有變徵、變宮；可以奏出五聲、六聲、七聲音階的樂曲。這表明戰國以前七聲音階就存在並使用於中國了。

天文學成就的新發現

曾侯乙墓的發掘，還發現了許多中國先秦科學技術史的新資料，反映

木雕彩漆梅花鹿：由木胎雕製成型。頭與身以榫卯相接，頭上插兩支真鹿角。頭、身皆髹黑漆，以朱、黃漆繪梅花斑紋。角上亦以朱、黑漆繪花紋。

出中國先秦科學技術的光輝成就，也提出了許多有待探索的課題。

自然科學中，天文學是一門古老的學科。人們根據天象變化、四季循環來安排耕種收藏等生產和生活活動，出行時也要依靠星宿和太陽的位置來辨明方向。中國是世界上天文學發展最早的國家之一，幾千年中積累了豐富的天文知識。作爲先秦中國天文學發達的見證，曾侯乙墓中出土了不少研究中國先秦天文學的珍貴資料。在曾侯乙墓中出土的漆木衣箱五件，它們形製相同、大小相近，但紋飾和銘文各異。與天文星象或天地宇宙間的神話故事有關。編號爲E・66的衣箱箱體是矩形，箱蓋拱起，分別象徵天穹和大地；衣箱頂中央有一個大「斗」字，用意表示北斗天極，象徵天球的中央；繞著「斗」字有二十八宿星辰的全部名稱；箱蓋和箱身繪有代表二十八宿的「四象」中的三象：青龍、白虎和朱雀。古代二十八宿的劃分，在中國、印度、波斯、阿拉伯等國家都有，這個衣箱上的二十八宿天文圖，是迄今爲止世界上最早並且有力支撐了中國老一輩學者關於二十八宿起源於春秋時代的推斷。編號爲E・61的木箱箱蓋左端一角有漆書二十字。衣箱上的圖像與漆書是中國古代天文曆法的形象與文字相配的最早紀錄，也反映出中國古代天文學的傑出成就。

青銅和紡織工藝的見證

曾侯乙墓出土的青銅器造型大，

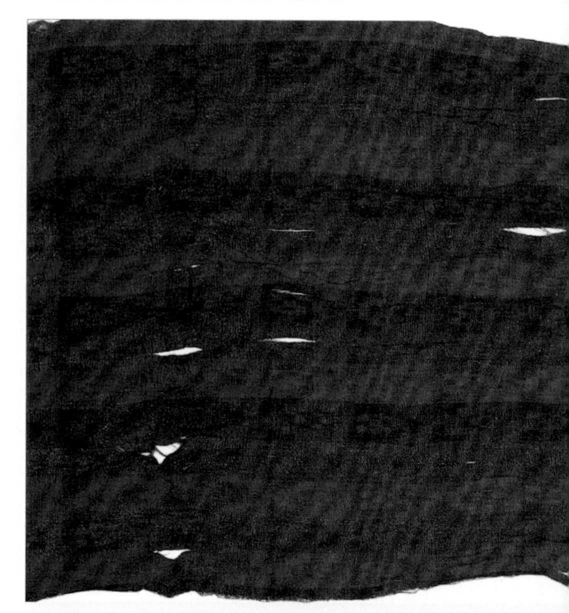

塔形紋錦：幅寬二十三公分，幅長八十四公分，厚〇‧二二公分。經密每公分八十八根，緯密每公分二十四根，花紋經向長七‧四公分，緯向寬二十九‧六公分。花紋為若干小矩形在一長方形內組合成塔形，並順經線方向作長帶狀排列，上下左右互為倒置。塔形紋樣由二色經線交替起花形成不同色彩。

秋衣：衣長一百六十五公分，袖展五十二公分，袖寬十·七公分，腰寬六十八公分。凹後領，對襟，兩袖平直，腰與下擺等寬。以紅棕色絹作面，上繡鳳鳥踐蛇紋圖案，領緣、袖緣均鑲錦邊。

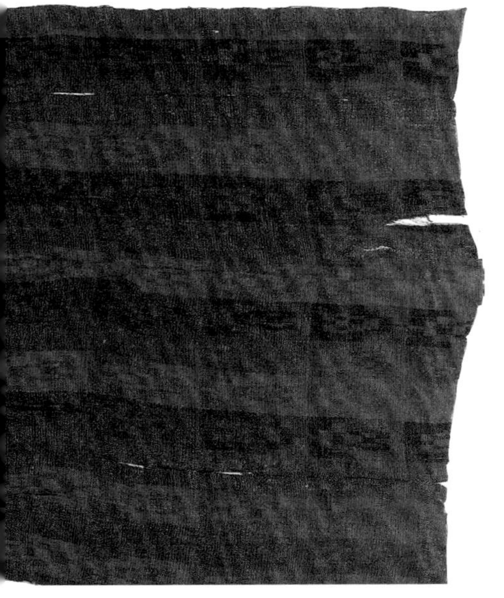

工藝精湛，需要高超的鑄造技術。例如墓主的外棺銅構架，重達三千多公斤。還有編鐘，鑄造時不僅要求外形精美，還要求音律準確、音色純正悅耳，鑄造難度極大。就是在現在，中國的研究人員採用現代技術複製曾侯乙編鐘，總覺得與原鐘存在差距。曾

金盞、金勺：早在商代，中國已發現了黃金製品。春秋時代，黃金多用作鑲嵌，以表珍貴。曾侯乙墓一次出土了金器五件，金箔九百餘件，說明金器在南方頗為流行。這件金盞仿銅盞製作，飾有雲紋、雷紋和蟠螭紋，金勺則飾有鏤孔變形龍紋。

侯乙墓青銅器的鑄造者們，繼承了中國古代傳統的青銅鑄造工藝，而且在許多方面還有創造發明。

首先是組合陶範渾鑄技術有了創新。陶範渾鑄就是利用多塊陶範合鑄銅器的一種技術，曾侯乙墓出土的各類青銅禮器的主體部分大都是採用渾鑄法鑄成。另外，傳統的分鑄技術也有了突破。分鑄就是先分別鑄出局部，然後與主體鑄接。以往的分鑄件大多形體小，重量輕，而曾侯乙墓中則出土了許多大件分鑄的青銅禮器。例如用來儲酒的兩件大尊罐，高一公尺多，腹徑一尺，重三百公斤，鑄造時設計和工藝流程十分嚴密，工序沒有絲毫差錯。它們的鑄件的結合部位，不僅十分牢固，而且還很嚴密。還有焊接技術，不論是強度較高、操作較難的銅焊，還是強度較低、操作簡便的錫焊，都取得了新成就。此外，還大量使用了在前期銅器中少見的榫卯和組裝連接技術。使用比較複雜的先組裝再加焊的技術，在過去的器物中也是比較罕見的。曾侯乙墓大量青銅器紅銅紋飾呈鑄態組織，是澆鑄而成的，根據其工藝特點，這種方法被稱爲「鑄鑲法」，是一種新的發明。

曾侯乙墓還出土了大量的絲麻織品，由於年代久遠而且長期浸水，都已經腐爛，但仍然爲研究戰國早期的紡織工藝提供了寶貴的實物資料。通過檢測絲纖維，可以看出當時已經注意蠶繭的選用，繅絲品質較之早期也有提高。墓中還首次發現了絲麻交織的紗袋，經線或絲或麻，緯線則全部用絲，是世界上已知最早的絲麻混紡織品。在出土的絲麻織品中，包括紗、絹、錦、繡等多種織物，其中首次發現了一種用夾緯使經線現出暗花的單層幾何織錦，對我們瞭解商錦、周錦再到漢錦的發展過程和織造工藝具有重要價值。

軍事裝備

春秋戰國時代，諸侯割據，各國之間征戰頻繁，軍事裝備的製作技術隨之迅速發展。曾侯乙墓出土的眾多兵器、車馬和記載葬儀的車馬兵甲的竹簡，都生動地反映出這一點。其中兵器既有車兵所用，又有步兵所用，還有騎兵武器。功能攻防兼備，包括用於格鬥的戈、矛、戟、殳，用於遠射的弓矢，以及防衛的盾、甲、冑。各種武器如何配備，竹簡遺冊上還有明確的記載。在進攻性長兵器中，銳殳、雙戈、三戈相結合的戟都極具特點。它們的器首銳利異常，所用長桿一般都在三公尺以上，甚至有四・三公尺的。長桿大多爲積竹木柲，製作

蟠螭紋銅鑒缶：曾侯乙墓出土。此器造型奇特，精美絕倫，為罕見精品，方鑒與方尊缶之間有空隙，可置冰塊，是古代的「冰箱」。

龍形玉佩：龍是玉佩中最基本的樣式，楚國與中原都流行這種「S」形玉佩。

時以木桿爲芯，外包竹篾，再用絲線纏繞，最後髹漆。這樣的複合桿身，強度、硬度、韌性和防腐防潮都得到了很好的保證，更加適於車戰的遠距離廝殺，是先秦時代兵器製造技術的一大創舉。在長兵器中，有兵器史上首次發現的鋭殳、雙戈或三戈結合的戟，殺傷力都很大。

防衛性武器甲冑有大量出土，包括人冑和馬冑。經過清理、復原和仿製研究，首次查明了製作甲冑的工藝流程，獲得了有關東周甲冑的珍貴科研資料。

曾侯乙墓出土了一千一百二十七件車馬器，其中有

彩漆內棺：漆棺為木質，呈長方形。棺兩側呈圓弧形，蓋與棺身以子母口扣合。棺通體髹漆，內壁髹朱漆，在頭檔中部鑲嵌有一件青玉璜。外壁先是在胎骨上抹漆灰，打磨光滑後髹黑漆，再髹朱漆，在紅漆之上用黑、黃色漆繪出各種形態的龍，蛇，烏，獸、神等圖像。在兩側壁板上各繪有一個「田」字形視窗，圍繞視窗的是各種執戟的神獸。此漆棺色彩豐富，紋飾富麗華貴，做工考究，是戰國楚地漆器的代表。

許多重要品種，尤其是銅車𨊥的鑄造，不僅種類多，鑄造精巧，而且出現了兩件矛狀車軎是車軸上用於固定車輪的部件，矛狀車軎，是在車軎外端加鑄連弧刃的矛。裝有這種車軎的戰車在中國極爲少見，可以在和敵車交錯時鉸斷對方車輪的輻條，殺傷戰馬，這是軍事技術上的創造，相當於世界古代史上的刀輪戰車。這兩件車軎的出土，表明在曾侯乙的時代，中國的戰車製作與車戰技術處於世界的前列。

曾侯乙墓出土的二百四十枚竹簡，記載參加葬儀的車馬兵甲的情況，所記車名有四十多種，不少是在文獻中沒有記載的，其中戰車至少有二十一種，明顯多於其他用途的車乘。從竹簡的記載中，人們還可以看到當年車戰的某些情況，例如車上的武器裝備，戰車的佇列陣形等等，反映了當時軍事科技的發達。

另外，曾侯乙墓出土的文物，在雕塑、繪畫、書法等等藝術領域也有著重要的意義。

曾侯乙墓的發掘和研究，爲研究東周諸侯葬製提供了可考資料，爲東周考古斷代樹立了新的尺規。在春秋戰國時期曾國這樣一個小國的墓葬裏，出土了這樣多的精美文物，展示出這麼高度發達令人稱奇的文化。它是社會製度變革、生產力發展的結果，也是中國區域文化交流的見證。

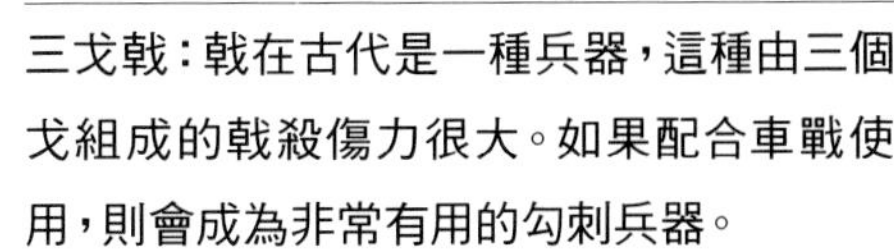

三戈戟：戟在古代是一種兵器，這種由三個戈組成的戟殺傷力很大。如果配合車戰使用，則會成為非常有用的勾刺兵器。

戰車和車戰

在人類戰爭史上，步兵是最古老的兵種。步兵對軍隊裝備要求不高，易於組建和維持。相應地，人類戰爭的形式最初也主要是步戰。在中國歷史上，原始社會的戰爭也以步戰為主，這種狀況一直延續到商代前期。但是到了商代晚期，這種步戰方式開始逐漸讓位於新崛起的車戰。到春秋時期，車戰已是當時重要的作戰方式。

戰車結構和人員裝備

在安陽殷墟已發掘出殷商時的車子十八輛，可以知道商代的戰車用木製作，其形製是獨輈、兩輪、長轂。車輈前有車衡，衡上縛兩軛以供駕馬，後端與車軸在車廂（輿）底相交，挖槽嵌含。車軸兩端鑲有銅車軎。車廂呈橫寬縱短的長方形，四周有輕桯，桯間有欄，門開在後面。

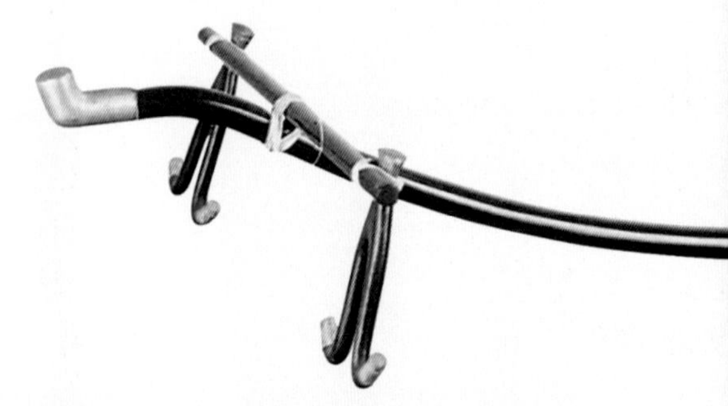

春秋戰車：戰車自商代晚期崛起，春秋趨於鼎盛。春秋中後期以後，作戰地域擴大到中原以外地區，這些地區大多不適於車戰。到了戰國，戰車進一步衰落，逐漸為步兵、騎兵所取代。

車廂內可容納甲士三人和他們攜帶的兵器、馬鞭、修理車的工具等。這種基本形製，西周和東周的戰車承襲下來，但在結構上也有所改進。一是車輈的曲度加大，輈端抬高，減少了服馬的壓力，馬的拉力由此增加；二是車廂加寬，甲士完全可以在車上自由揮動兵器，有利於甲士在戰車行進時靈活刺殺。為了使戰車更加牢固、耐衝撞，一些關鍵部位的青銅加固件有所增加。例如大多數車子都用銅轄把車軎固定在轂外側軸上，內側以銅軸飾保護轂，減輕了車輛運行時的左右擺動。為了提高戰車的機動性能，周代戰車的軌寬逐漸減小，車輈逐漸縮短，而輪上的輻條則逐漸增多。西周的兵車種類也增多了：除了供進攻用的「輕車」外，還有供防禦用的「廣車」，有環和皮革以遮蔽矢石的「蘋車」，有指揮用的「戎車」，有攻城用的臨車、沖車；有裝器物用的輦。

商代戰車大多數均駕二馬，少數駕四馬。車上載三名甲士，按左、中、右排列：左方甲士持弓主射，是一車之首，稱「車左」，又稱「甲首」，甲骨卜辭中也直接稱之為「射」；右方甲士執長兵（矛、戈等） 主格鬥，並負責為戰車排除障礙，稱「車右」或「戎右」，又稱「參乘」；居中的是控馬馭車的御者，只隨身佩戴刀劍等短兵。實際上，車左除弓箭外，也還配備長兵或短兵；車右除長兵外，也還佩戴短兵和弓箭，只是責任有所側重。指揮車則將帥居左，衛士居右，車上配備有旗和鼓，以供指揮和聯絡。左右中的次序反映了甲士崇左的原則。此外，每輛戰車還附屬一定數量的徒兵，戰鬥中隨車跟進。

戰車上的進攻性武器包括戈、酋矛、夷矛、戟、殳等五種長兵器，用

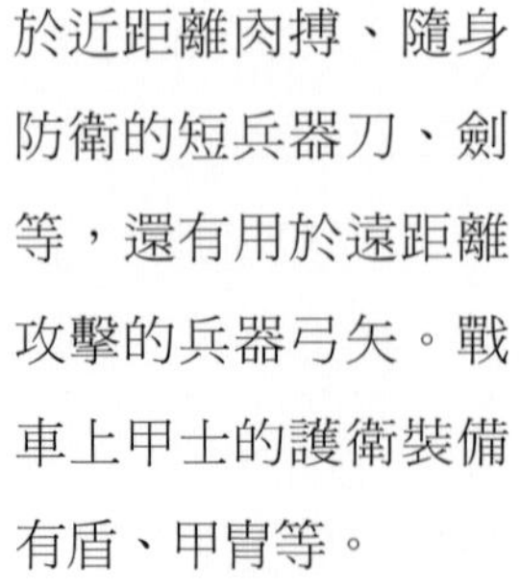

於近距離肉搏、隨身防衛的短兵器刀、劍等，還有用於遠距離攻擊的兵器弓矢。戰車上甲士的護衛裝備有盾、甲冑等。

戰國鐵兜鍪

車戰時，比較近距離的格鬥發生在兩乘戰車交錯時，所以具有勾割功能的戈是一種比較有效的殺傷工具。戈裝有長柄，主要適於在戰車上掄動作戰。矛是尖形的刺殺工具，也是西周、春秋戰車上常見的兵器。從商周到春秋戰國，矛的形狀不斷改進，矛身逐漸加長，兩翼則變得窄小，這樣能刺得更深，加強了殺傷力。戟是戈和矛的複合體，兼有二者啄、刺、勾三種功能。春秋時期戟的形製也在不斷變化，戰國時期更是出現了鋼鐵製造的戟。殳是一種打擊兵器，由稜形的金屬頭和竹、木杆構成。戰國時殳的金屬頭往往帶刺或稜。用於防衛的盾有木、竹、藤、金屬等各種質地；甲形如衣服，披在身上，冑形如帽子，戴在頭上，就是頭盔。

矛形車軎：春秋戰國時期車戰已十分發達，為了增強殺傷力，當時人們還在軎的上端鑄接鋒利的矛。在衝鋒時可以用來破壞敵方的戰車，也可以刺傷敵方的步兵。這件矛形車軎呈十字棱形，上飾有雲紋，除了其自身作用外，還是一件難得的藝術品。

車戰的戰鬥方式

戰車的形狀與戰鬥隊形密切相關。西庵戰車長寬各三公尺左右，加上兩側徒兵的位置，超過九平方公尺的面積。這樣大的方形戰鬥單位本身的機動性能有限，再加上攻殺器械的製約，戰車組成的隊形作縱深配置很困難，只有採用大排面橫列方式作戰才能發揮戰車的效能。橫排佇列可以做到左右照應，免受敵人的攻擊。

車戰時雙方戰車在接近過程中，首先是用弓箭對射，力圖以強大的殺傷力造成對方陣容的混亂，到戰車逼近時，誰的隊形嚴整，誰就能爭得在戰車錯轂的瞬間夾擊對方戰車，在格鬥中佔有優勢。

如果兩車正面相遇，甲士之間相隔在四公尺以上，三公尺多的戈、矛、戟發揮不了效力，只有兩車相錯，車廂側面間距在一．六公尺以下，雙方甲士才能用長兵器進行格鬥。這樣的車戰戰鬥方式，隊形整齊就成爲取得勝利的重要保障。

以戰車爲主力的車、步結合的作戰方式要求交戰雙方選擇平原曠野作爲戰場。《六韜．犬韜．戰車》說：「步貴知變動；車貴知地形；騎貴知別徑奇道」。「貴知地形」，確實是對車戰特點的最好概括。

兵癖太歲銅戈：器身有三個鏤空小孔，器身飾神人紋，神人雙手各緊握一動物，左腳踏月亮，右腳踩太陽，雙腿大張，面帶喜悅之情，頭髮造型誇張，柄部飾一變形饕餮紋。

春秋時期車戰成爲主要戰爭方式，使軍事編製也隨之發生了改變。春秋列國軍隊典型的編製一般有軍、師、旅、卒、兩、伍六級。春秋早期，伍由五名戰士組成，是戰車下的步卒，以戰車爲依託展開戰鬥。兩由五個伍二十五名戰士和一乘戰車組成，戰車是戰鬥核心。四兩是一卒，五卒組成一旅，五旅成一師，五師成一軍。

屈原在《楚辭．國殤》中生動描寫了車戰的悲壯情景：「操吳戈兮披犀甲，車錯轂兮短兵接。旌蔽日兮敵若雲，矢交墜兮士爭先。凌餘陣兮躐餘行，左驂殪兮右刃傷；霾兩輪兮縶四馬，援玉枹兮擊鳴鼓。天時懟

春秋方陣示意圖

（前列）

春秋方陣示意圖

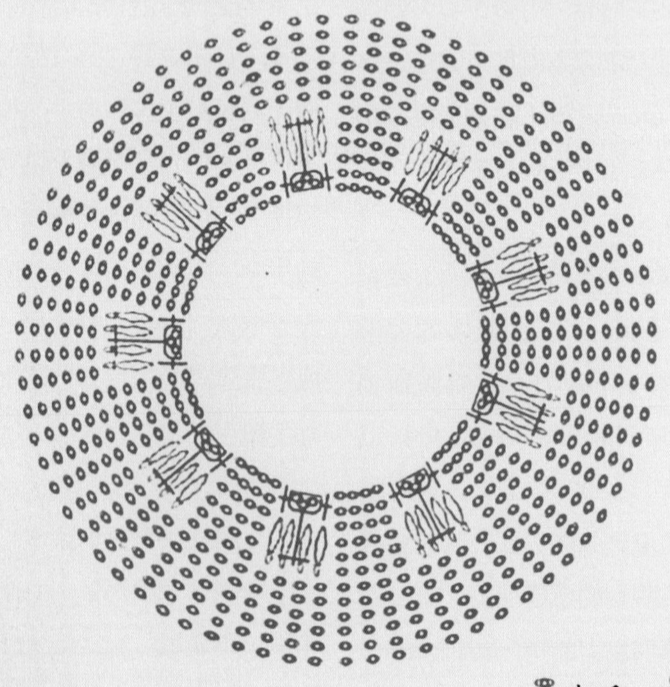

步兵

戰車

兮威靈怒，嚴殺盡兮棄原野。」郭沫若將它翻譯成了今文：盾牌手裏拿，身披犀牛甲。敵我車輪兩交錯，刀劍相砍殺。戰旗一片遮了天，敵兵彷彿雲連綿。你箭來，我箭往，恐後爭先，誰也不相讓。陣勢衝破亂了行，車上四馬，一死一受傷。埋了兩車輪，不解馬頭韁。擂得戰鼓咚咚響。天昏地暗，鬼哭神號。片甲不留，死在疆場上。

車戰戰術的發展

春秋時期是車戰的鼎盛時期，當時的大國，動輒擁有萬乘戰車，小國也擁有千輛戰車，各國的軍事實力，也以戰車數量來衡量。其時的戰爭，絕大部分都是車戰。總體而言，當時的車戰尤其是春秋早期的車戰是貴族式戰爭，崇尚禮節，本是殘酷的戰鬥中甚至瀰漫著藝術化的氣息。兩國發生大規模衝突時，作戰軍隊相會，首先安營紮寨駐軍，稱為「次」或「軍」、「合」。例如西元前六三二年晉楚城濮之戰時，晉軍「次於城濮，楚師背酅而合」。然後雙方約定戰鬥時間和地點。城濮之戰時，楚軍元帥子玉給晉文公送信說：「請與君之士戲，君馮軾觀之，得臣與預目焉。」在正式戰鬥之前，往往還有「致」或「致師」的行動，就是以猛士駕單車進犯敵軍營壘，目的是挑戰和炫耀武力。戰鬥在約定的

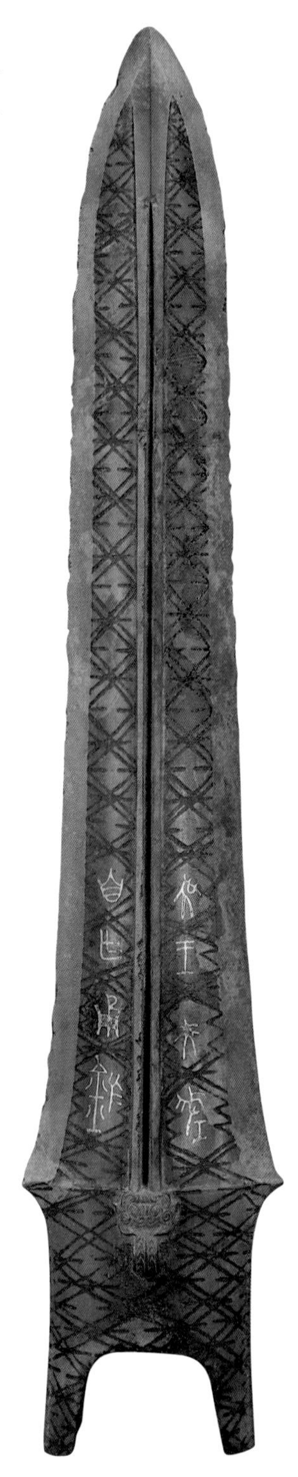

吳王夫差矛：器身稍短，中間兩面有脊，脊上各有一槽，在槽的後端各鑄有一個獸首。矛身遍飾菱形的暗紋。在靠近獸首的地方刻有兩行錯金銘文，表明此器為吳王夫差所有。

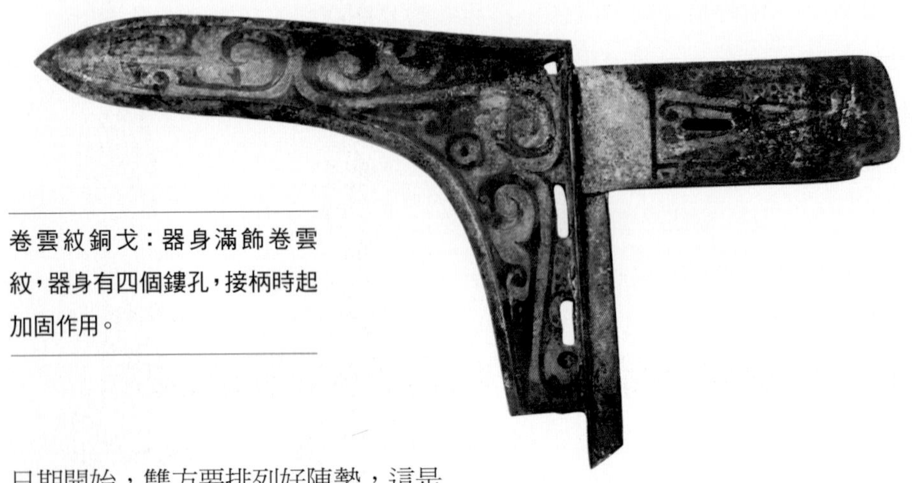

卷雲紋銅戈：器身滿飾卷雲紋，器身有四個鏤孔，接柄時起加固作用。

日期開始，雙方要排列好陣勢，這是車戰最主要的步驟，春秋車戰無一例外地遵循預先列陣，先陣後戰的原則。如城濮之戰時，「晉師陳於莘北」。宋襄公意欲爭霸，與楚軍交戰時等到楚軍過河擺好陣勢再進行決戰，被後世譏笑爲不知變通，其實這也表現了春秋及以前戰爭尙禮、先陣後戰的風氣。擺好陣勢之後，雙方衝鋒，發起最後的決戰。春秋時期各國軍隊規模不大、車兵的機動性也不強，所以戰爭在很短時間內就可以分出勝負，一般幾個時辰，最多一天即結束。城濮之戰在春秋時期算是規模非常大的戰爭，一天就打完了。西元前五七五年鄢陵之戰，晉楚兩軍「旦而戰，見星未已」，在春秋中期已屬罕見。春秋的車戰基本都在白天進行，若有少數白天不見勝負的戰爭，則夜晚休戰，雙方清理死傷，重組部伍，以待明日再戰。

春秋時期列國之間戰爭頻仍，在戰爭中車戰戰術也取得了顯著進步。首先是車戰陣形有了很大發展，比較普遍地採用了中軍和左翼、右翼三部分相配合的寬正面橫向陣形。隨著車戰規模擴大、參戰車輛增加，戰車編隊也擴大了。其次，出現了初級的野戰防禦方法——營壘，能夠阻礙戰車的衝擊。另外，春秋時尤其是晚期的戰爭中詐術也開始使用，信義在戰爭勝負的比照下顯得微不足道，比如乘對方陣形尙未列好就發起攻擊。又如魯僖公三十三年(前六二七年)，晉、楚軍隊隔河對峙，因爲渡河的一方在渡河時很容易被對方攻擊而潰敗，所以雙方相持不下。這時晉國內部發生動亂，晉軍急切回撤，於是晉軍將領寫信給楚帥，提出了一個建議：或者晉軍後退三十里，楚軍過河，然後雙方列陣決戰；或者楚軍後退，讓晉軍過河。楚帥接受了後一種辦法，他沒想到等楚軍撤退後，晉軍乘機也撤回國了，追之不及。

春秋時期的戰車陣戰靈活運用了多種作戰方法，比如迂迴側後、攻其不備，佯退側擊和設伏合圍等等。在城濮之戰中，晉楚雙方各自都有左、中、右三軍。晉軍首先擊潰了薄弱的楚軍右翼陳、蔡聯軍，接著上軍和下軍同時向後佯退，楚左師孤軍追擊晉上軍，結果造成側翼暴露，晉中軍乘機從旁側擊，晉上軍也回師夾攻，楚左師大敗。這是佯退側擊的著名戰例。西元前六八四年齊魯長勺之戰，當齊軍敗退時，曹劌阻止魯莊公匆忙追擊。他觀察齊軍敗退時的旗幟和車轍，確認齊軍是真的潰敗後才下令追擊，就是因爲害怕齊軍佯退設伏。

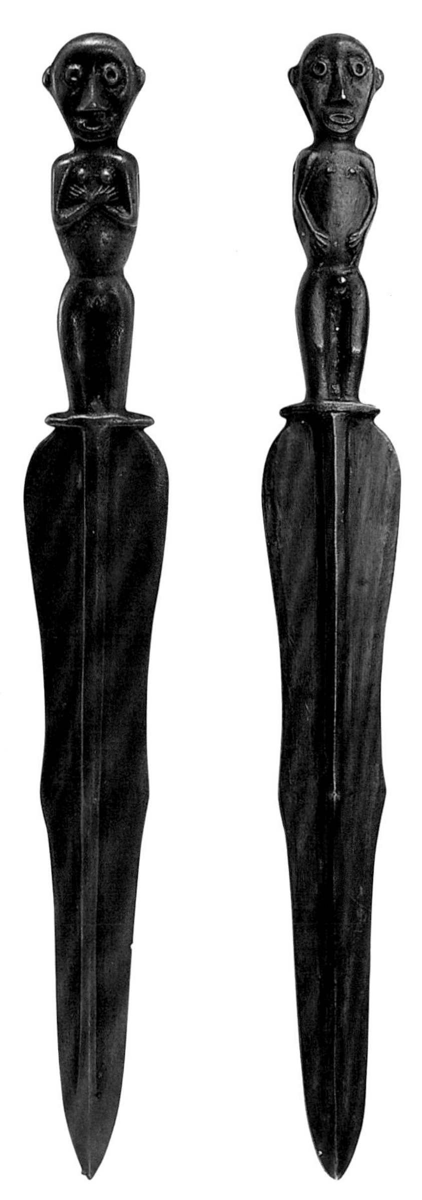

青銅陰陽劍：此劍劍身為曲刃柳葉形，在劍柄的兩面分別鑄有一男、一女裸體像，男性為雙手下垂，放置在腹部，女性為雙手交叉護在胸前。劍柄的特殊性或許可以推測出使用此劍的部族的某些特殊禮儀或信仰。

車戰逐漸淡出歷史舞臺

商周時期，軍事角逐的中心區域

在關中和中原地區，地勢開闊平坦，是適合戰車馳騁的平原地帶，馬拉戰車的巨大衝擊力是早期步兵無法抗拒的。春秋中期以後，由於爭霸戰爭不斷發生，作戰區域擴大，地形也變得複雜，其中不乏山川沼澤，戰車無法在這些地方列陣衝鋒，也就沒有用武之地。於是一些國家又組織了適應能力更強的步兵，或將車兵改編爲步兵。這些現象預示了車戰的衰落和步戰的復興。

到戰國時期，戰爭規模進一步擴大，殘酷性增強，傷亡也隨之增多，必須徵召大量軍隊。戰國群雄軍隊數量較之春秋時期十倍幾十倍地增長，秦國有帶甲百萬，齊國帶甲數十萬，楚國也有帶甲百萬。這些軍隊都來自農民，平時沒有經過車戰必需的長期繫統的訓練，而以各國的實力，也根本沒有可能將這樣龐大的軍隊裝備成

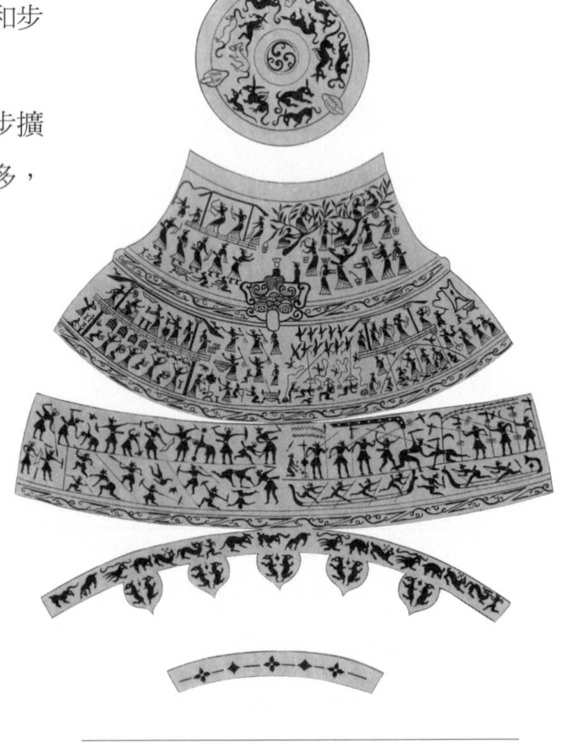

宴樂銅壺：戰國時期嵌錯賞功宴樂銅壺上的水陸攻戰紋飾，從中可以看出戰國時兵戰的陣勢。

青銅馬具一組：這組馬具分為當盧、鑣、銜、十字形飾件。當盧是用來做馬額的面具，在當盧的背面有三個橋形鈕。鑣是用來夾緊馬頭兩側的。鑣呈釘子形，上端為圓帽形，下端為三角形，上面套一兩端各有環鈕的橫條。銜是馬嘴裏銜的東西，分為兩節，用套鈕連接。銜的兩端各飾有三個環鈕，以便與鑣相連。四個十字形飾件為中空，用來固定籠絡。

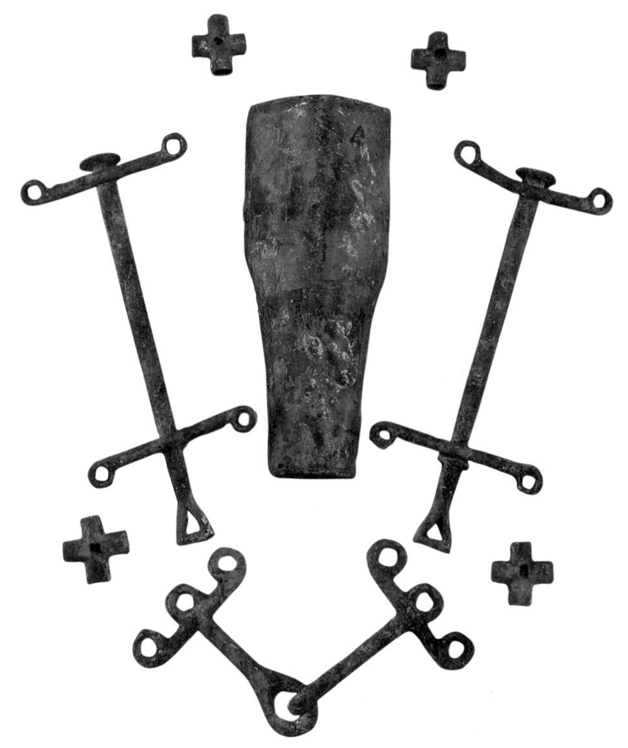

車兵，以農民爲主體的大規模軍隊必然是步兵。另外，車戰也有其固有弱點，除了對地形依賴較大外，它作戰方式呆板，主要是速戰速決的野戰，不適於攻城，缺乏有效的攻堅手段。戰國時期，經濟發展，城市作爲商品貿易和政治中心的戰略地位不斷上升，攻城滅國成爲大國兼併的直接目標，城的防禦功能也顯得突出。車戰既然不能擔任起攻城的重任，其地位也必然下降。戰國時期步兵的戰術有了很大突破，在野戰方面，廣泛採用了先進的密集陣形和更加堅固的布障設壘等防禦方法，能夠與戰車抗衡；他們的武器裝備有了很大改進，特別是大量使用了威力巨大的遠射兵器弩，能夠在寬大的正面上有效遏製戰車的衝擊。戰國時期作戰區域進一步擴大，地形更加複雜。正是在這些因素的作用下，車戰風光不再，步戰取而代之。

玉器和漆器

玉是質地細密、色澤淡雅、溫潤光華的美石，以玉製成的物品稱作玉器。古代玉器不僅是日常用具和飾品，同時還是具有宗教意義的禮器，以及祭祀天地、溝通神靈的法物，它反映出的是相關的意識形態、宗教信仰和喪葬習俗。這種以玉器的形式、蘊涵和審美為內容所形成的文化，即為「玉文化」。玉文化是中國古代文明的重要組成部分，有著鮮明的民族特色。

玉器

先秦時期是中國玉器和玉文化孕育和成長的時期。考古發掘證明，中國的先民最遲在七八千年以前就已經開始製造和使用玉器。現在所知最早的玉器出自內蒙古敖漢旗興隆窪遺址和遼寧阜新查海遺址。當時的玉器主要是用作裝飾品和禮器。商周逐漸認識到玉的價值，玉器的數量和品種都有增加，雕琢技藝也有提高。玉被琢成禮器、製器、樂器和各種裝飾品，供奉於廟堂或佩戴於身上。這時的玉器已成爲王者、貴族高貴身份的標誌，形成「君子必佩玉」的風氣。同時，古人還把玉器看作是高尚、純潔、親善、吉祥的象徵。

春秋戰國時期，由於諸侯蜂起，

經濟發展，各國的區域文化異彩紛呈，交融頻繁，玉器的製作和工藝逐漸走向成熟和趨同。這時期玉器種類主要有：璧、環、塊、璜、琮、珠、佩、冶、串飾、勒、瑗、圭、璋、管、柄形器、戈、帶鉤、鏡架、匕等。其中多數是禮器，少數爲生活用具。

春秋時期墓葬出土的玉器數量和種類極多，製作工藝相當精湛。河南信陽春秋早期黃君孟夫婦墓出土玉器一百三十餘件，器類有璧、塊、環、璜、虎、魚、牌、獸面飾、蠶形飾、玉雕人、玉雕獸首等；河南淅川下寺春秋中期楚墓出土玉器三千一百三十九件，器類有璧、環、璜、琮、瑗、鐲、珠、管等，器形有虎、鳥、鸚鵡、龍等；山西太原金勝村二五一號春秋晚期墓出土玉器五百四十五件，器類有璋、瑗、璧、環、璜、珠、塊、玉刀、玉尺、瑪瑙

玉雕人頭：高三·八公分，寬二·五公分，最厚一·八公分。黃色局部有褐色浸蝕。

琉璃球：此琉璃球直徑五·八公分，球的中心有一個穿孔，體表有八個赭石環飾，球周有五粒突起的孔雀藍圓點，繪淡黃色圓心，其餘有乳白、赭石色襯托，呈現出五彩繽紛的螢光層。造型精緻，華麗美觀，是一件罕見的藝術珍品，是中國最大的古代花琉璃球。

環、水晶環等十餘種。山東沂水、江蘇吳縣、山西侯馬、陝西鳳翔等地都有春秋玉器出土。

從出土的玉器看，春秋時期琮、璋、璧、圭等禮器仍在繼續製作，但玉製的工具和兵器已經較爲少見，玉器更多的是用作裝飾品。當時盛行隨身佩帶玉飾，「行則鳴佩玉」。這時期的玉器雕琢精緻，構圖考究。淅川下寺一號楚墓出土玉獸面紋飾，長七・一公分、寬七・五公分，上寬下窄，四邊有高低起伏的脊牙。正面中下部琢獸面紋，獸面兩側飾以三組對稱的變形龍首紋，背面光素無紋。器中端上下分別鑽上小孔，可用來嵌固在它物上。這件玉器紋飾細密，工藝難度頗高，是春秋晚期的代表性作品。

有學者估計，目前已經發掘的戰國墓葬可能要超過萬座，出土的玉器也較爲普遍。安徽省長豐縣楊公廟戰國墓出土玉器七十九件，器類有璧、

璜、佩、圭、環、鐫、管等，紋飾爲穀紋或渦紋。陝西雍城考古隊發現秦國墓葬四十餘座，出土玉器二十八件，器類有璧、玦、琀、珠、串飾等，均素面無紋，其中有一件玉蟬，造型逼真，形象生動。湖北江陵九店鄉雨台村五百五十八座楚墓出土玉器二百五十三件，器類有璧、環、璜、佩飾、串飾、玉料珠、玉料管、綠松石片等。湖北隨縣曾侯乙墓共出土器物一萬五千四百〇四，其中玉器五百二十八件，器類有璧、環、玦、璜、琮、方鐲、佩、掛飾、串飾、珠、管、雙面人、劍、梳等，這批玉器都經過打磨拋光，製作精良，色彩豐富，紋飾華美，是戰國時期最著名的玉器墓葬。

戰國玉器達到空前繁榮的程度。當時工具和儀仗玉器比以前明顯減少，璧、璜、環、佩等禮器和裝飾用品增加較多，而且出現許多新的器形。製作工藝也有提高，雕刻細膩，紋飾精美，具有極高的藝術價值。

從春秋開始，自原始社會以來被貴族所鍾愛和壟斷的玉器，經過以儒家爲首的諸子的推崇和宣傳，成爲社會生活中具有禮儀、宗教、經濟和裝飾多種特殊功能的標誌物。先秦儒家的用玉道德觀，就是以玉的各種物理性質來表示人的道德品質。《禮記·聘義》記載，孔子認爲玉有仁、知、義、禮、樂、忠、信、天、地、德、道十一種品德。「夫昔者，君子比德於玉焉：溫潤而澤，仁也；縝密以

雙首龍形玉佩：此佩為雙龍同體，一龍作回首張口狀，另一龍為垂首狀。躬腰處有一對穿孔。玉佩通體飾穀紋。整個玉佩雕工精湛，構思精巧。

栗，知也；廉而不劌，義也；垂之如隊，禮也；叩之其聲清越以長，其終詘然，樂也；瑕不掩瑜、瑜不掩瑕，忠也；孚尹旁達，信也；氣如白虹，天也；精神見於山川，地也；圭璋特達，德也；天下莫不貴者，道也。」這種以玉比德的觀點爲後世玉器的發展提供重要的理論依據。

《周禮》載：「以玉作六器，以禮天地四方：以蒼璧禮天，以黃琮禮地，以青圭禮東方，以赤璋禮南方，以白琥禮西方，以玄璜禮北方。」這是後世蒼天、黃土、青龍、朱雀、白虎、玄武思想的由來。以下就來簡單介紹這幾類玉器。其中玉琥，由於史料的缺乏，不再展開論述。

玉璧是有孔的圓形玉器，其紋飾主要有幾何紋、雲紋和穀紋。《爾雅》說：「肉倍好謂之璧」，就是說玉璧圓孔的直徑要等於周邊直徑的二分之一。玉環和玉瑗的形狀和璧相同，只是「肉」與「好」的比例不是二比一。所以有學者建議把三者統稱爲璧環類，或簡稱璧類。秦代以前玉璧極爲珍貴，比如秦國爲得到趙國的和氏璧，許以十五城相換，好在藺相

龍形玉佩：青玉。透雕龍紋。龍為回首張望狀。龍身躬起，脊部有一穿孔。尾部向內捲曲。通體飾穀紋。

如智勇雙全，使「完璧歸趙」。從古文獻考古發現來看，玉璧的用途有用作祭器、禮器、佩飾、砝碼、辟邪和防腐。

按古書的說法，半璧爲璜，但實際並非完全如此。殷商時期的玉璜多數只有玉璧的三分之一，達到半璧的較少。玉璜初爲祭器，用黑玉製成，是立冬祭祀北方的器物，後衍生成飾品，故又稱佩璜。玉璜形製多樣，紋飾精美。曾侯乙墓出土透雕四龍玉璜，青色，長十五・二公分，寬四・六公分，厚〇・六公分，體扁平，呈弧形，透雕對稱的四條龍，曲身卷尾，單面陰刻眼、鱗、爪等。同時用陰線刻出兩條蛇紋，精雕細琢，佈局

四節龍鳳玉佩：長九·五公分，寬二·七公分。全器用一塊玉料雕成可以活動卷折的四節，共雕出七條龍、四隻鳳和四條蛇。其佈局嚴謹，製作精湛，在一般貴族墓中很難看到這類玉雕珍品。

對稱。北京故宮博物院收藏的戰國雙龍首玉璜，白色，長十七・一公分，寬七・四公分，厚〇・五公分，體扁薄，呈半圓形。兩端鏤雕龍首，龍口微啓，唇微卷，露牙，環眼圓睜，長耳後伏於頸，飾陰刻細線紋。龍身浮雕六行勾連紋。外綴以對稱的鏤空夔紋，中部有圓孔，可穿繫，製作極爲精巧。

玉琮是內圓外方的管形玉器，用作禮地、發兵、斂屍等。原始社會末期玉琮曾經非常盛行，夏商時迅速衰落，西周規定「以黃琮禮地」，玉琮應該是比較常見的，但這時期墓葬中基本沒發現其身影，這至今是個謎

團。春秋戰國墓葬中出土的玉琮極少，即便偶有發現，工藝也十分簡陋。到西漢以後，玉琮逐漸退出歷史舞臺，後世也有好事者仿製上古玉琮，但已明顯脫離先秦的風格。

《說文》說，「剡上為圭」。玉圭指的是上部尖銳呈三角、下端平直、長方形的玉器，有的玉圭兩側略呈梯形。玉圭源自新石器時代的石鏟和石斧，因此，有人將新石器時代至商周時期的許多玉鏟和方首長條形玉器都定名為圭。但真正標準的尖首形圭到商代才開始出現，盛行於兩周時期。玉圭是標明身份的瑞玉和祭祖盟誓的祭器，用來規範宗法關係。按照等級不同，王執持鎮圭，公執持桓圭，侯執持信圭，伯執持躬圭。周代玉圭，以尖首長條形為多，圭身素面，尺寸長十五至二十公分。戰國墓葬出土的圭數量較多，圭身寬窄各

玉牌：禮器，黃玉質。牌面飾饕餮紋、勾雲紋等，兩邊對稱置三凹形缺口，上、下各有一鏤空小孔，佩戴時作穿繫作。玉牌是權力和身份、地位的象徵，較少見。

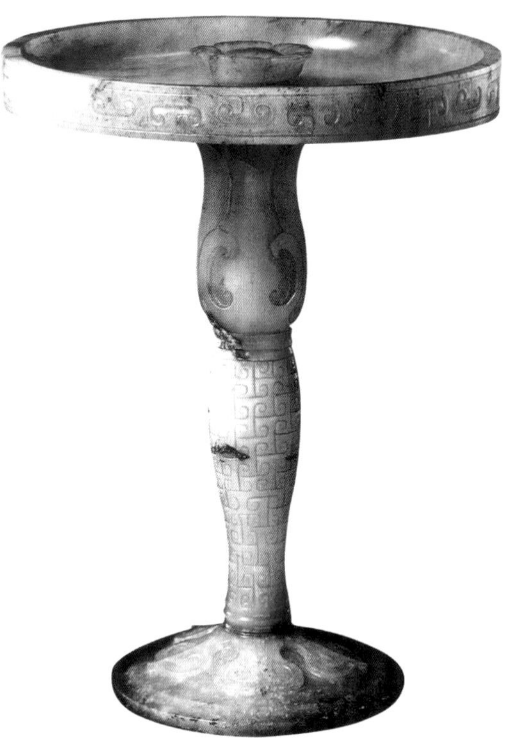

玉勾蓮紋燈：此玉燈以新疆和闐青玉製成，玉料局部有赭褐色浸痕，全燈由燈盤、燈柱和燈座三部分組成，是三塊玉分別雕琢後粘合為一體的。燈盤為正圓形，盤面平滑，盤壁線直挺，壁外側遍飾一周勾連雲紋，盤心凸起五瓣花形燈檯，既是裝飾又是置撚小台，富有實用價值。

異。漢代玉圭逐漸淡出社會生活，後世王公貴族只有想顯示其地位時，才雕造少量的玉圭。

玉璋與玉圭相似，「半圭爲璋」，它與圭都是區分等級的器物。玉璋始見於龍山文化，殷墟出土過許多石璋，西周的玉璋較爲少見，器形與商代相近，器身窄長。春秋戰國墓葬出土的玉璋與古書的記載情況存在著諸多不同，這還有待考古工作者作深入的研究。《周禮》將玉璋分爲赤璋、大璋、中璋、邊璋、牙璋五種。赤璋用赤玉（瑪瑙）製成，是祭祀南方神靈朱雀的禮器。大璋、中璋、邊璋是天子巡守時祭祀山川的器物，所祭的如果是山，禮畢後就將玉璋埋於地下；如果是川的話，則將璋投到河裏。《考工記》還有「大璋亦如之，諸侯以聘女」的記載。

《周禮・典瑞》說：「牙璋以起軍旅，以治兵守。」鄭玄注：「有鉏牙之飾於琰側，先言牙璋有紋飾也」。牙璋可能與軍旅有關，與後代虎符相似。璋牙尖銳，流露出鋒利、肅殺氣息。三星堆出土的牙璋，中間開刃，形狀似齒，直伸向前，攻擊的意味極其明顯。從三星堆的考古發現來看，牙璋的用途極可能是祭山的禮玉。

除以上的儀禮「六器」外，先秦日常社會生活中盛行用玉作佩飾。人佩帶玉飾是有講究的，《白虎通義》說，道德高深者佩環，能決嫌疑者佩塊。當然最普遍的佩飾是玉佩。佩的概念較爲寬泛，凡是璧、環、玦、璜、琮、圭等規範性玉器以外的飾玉，都可以稱爲佩。春秋戰國時期人們用佩玉來協調舉止、標明身份、表達情意和作爲承諾的信物。另外，先秦的喪葬製度也盛行用玉，例如放入死者口中的玉冶、堵住屍體孔竅的玉塞、下葬時死者手裏的握玉等。

漆器

用漆樹自然分泌的漆液塗在各種器具上，這就是原始的漆器。漆樹的液汁經攪拌後變爲熟漆，生漆或熟漆加進熟桐油調製即成漆膜堅硬、光亮、耐溫的廣漆，再添入顏料或染料就形成彩色漆層。

考古發現證明，中國是世界上最早知道和使用天然漆的國家，漆器的

彩繪雲紋漆圓耳杯：杯耳為圓弧形，內髹紅漆，口沿和杯外髹黑漆。在兩耳和口沿的內外，用紅漆繪飾鳥紋、卷雲紋和勾連雲紋。

彩繪木雕雙龍小座屏：木胎。由屏身、屏座兩部分組成。屏身正中以立柱分隔，兩側各透雕一隻頭相背、尾相連的龍。

製造有著悠久的歷史。古代以漆塗於物稱「髹」，用漆繪製圖案花紋謂「飾」。六七千年前的河姆渡文化遺址出土的木胎朱漆碗是現知最早的漆器。商周時期開始用色漆和雕刻來裝飾器物，還設立有皇家漆園。《尚書・禹貢》載：「厥貢漆絲」。

春秋戰國是古代漆工史上的重要時期，漆器種類和髹漆工藝都得到飛速發展，漆器業空前的繁榮，甚至使新興的諸侯不再僅熱衷於青銅器，而把興趣轉向光亮潔淨、易洗，體輕、隔熱、耐腐、嵌飾彩繪五光十色的漆器。當時，魯國出現所謂的漆室女，這是專門從事漆工的作坊，主要承擔者可能是婦女。官方也極爲重視漆器工藝的發展，選派專人進行管理，道家的著名代表莊子就曾作過宋國的漆園吏。

春秋戰國漆器工藝取得輝煌的成就首先體現在器物種類豐富，幾乎包括當時生活各方面的用品。現結合考古發現，簡要列舉如下：家具類有床、几、禁、案、枕、俎等；容器類有笥、箱、盒、奩、匜、豆、樽、

彩漆木雕箭箙：這是裝箭的箭盆殘部，上雕龍、鳳烏、雀及蛇等動物。

盂、鼎、勺、盤、壺、杯、耳、柸、匜、卮等；喪葬類有棺、笭床、木俑、鎮墓獸等；飾物類有座屏、木魚、木球、木壁等；樂器類有編鐘架、鐘錘、編磬架、大鼓、小鼓、虎座雙鳥鼓、瑟、琴、笙、竽、排簫、笛等；兵器類有甲、弓、弩、矛柲、戈柲、箭、箭箙、劍鞘、盾等；交通類有車、車蓋、船等；文具類有筆、筆架、文具箱等。

值得注意的是，這時已逐漸應用木案和漆案，反映生活方式的進步。此前的古人席地而坐，有几無案，盛食物的器皿放在地上，人坐在地上飲食。從考古文物來看，漆案開始較多地出土於戰國墓中。自從有案以後，食物就可以放到案上，後來漢代就沿用這種生活習慣。

其次，這時期漆器的分佈範圍極爲廣泛。山東、山西都有大量的春秋彩繪漆器出土。戰國漆器的產地更是遍及各地，目前已經在全國四十多個縣市的八十多處發掘出漆器，其中以河南、湖南、湖北三省最多。當時巴蜀地區竹、木漆器業發達，多數考古遺存都保留有許多帶有文字和符號漆器，有學者認爲，成都可能是春秋戰國時期長江上游最大的漆器製造中心。

當然，最能展現春秋戰國時期漆器業進步的還得說是髹漆工藝的發展。春秋以後，爲適應製造各種漆器的需要，漆器胎骨除木胎外，還出

彩繪龍鳳紋漆盾：皮胎。正面呈凸弧形，以朱、棕紅、黃、金四色彩繪對稱的龍、鳳，卷雲紋於黑漆地上。背面中部繪變形龍鳳紋，周邊則飾雲雷紋。

酒具盒：這是用來盛載酒具的盒子，由整塊木雕成。盒蓋與器體作子母口扣合。盒內有兩個酒壺，八個用來喝酒的耳杯。另有兩個一大一小的格，可用來盛裝酒菜。

現夾紵胎、皮胎和竹胎。木胎便於斫製、雕刻、描漆和鑲嵌，容易製造出立體感強烈、色彩絢麗、紋飾複雜華美的漆器作品。當時人們用大張薄木片圈製卷木胎，來製造圓筒狀器物，圓形而體輕的奩和卮就是用這種方法做成的。

夾紵胎是純用漆與編織物構成的胎骨，夾紵胎漆器比木胎更牢固和輕巧，而且隨氣候變化失水和吸水的能力比木胎漆器強，適宜製造形狀複雜而且不規則的器物，它就是現在所謂的「脫胎漆器」。夾紵胎的數量不多，著名的有長沙左家塘三號戰國中期墓出土的黑漆杯和彩繪羽觴，以及常德戰國晚期墓出土的深褐色朱繪龍紋漆奩等。

皮胎質地柔韌輕盈，多用來做防禦武器，比如長沙近郊出土的龍鳳紋描漆盾（也有人認爲可能是舞蹈道具）。竹胎漆器則有江陵拍馬山出土的雙層篾胎奩。至於藤胎就是矛柲。同時，這時期的漆器不斷改進品質，具備無異味、抗酸耐腐的特點。

春秋戰國的漆器還充分使用色彩，將髹漆、雕刻和彩繪三者完美地結合起來。湖北江陵楚墓出土的由蛇蛙鳥獸盤結而成的彩繪透雕座屏，就是利用這種方法的代表。這件漆器通高十五公分、長五十一・八公分，兩端落地，中部懸空，浮雕著蛇蟒。座上是矩形外框，框中透雕著各種動物，整個小屏先雕刻五十一個動物，計二十條蟒、十七條蛇、二隻蛙、鹿鳳雀各四隻，周身黑漆爲地，施以朱紅、灰綠、金銀等色進行彩繪。雕刻的動物互相角鬥，鹿作奔跑狀，神鳥食蛇，屈蟒蟠繞，造型生動，體現出中國古代精湛的工藝水準和高度的審美意識。

同時，春秋戰國時期漆器的花紋裝飾也還到極高造詣。花紋的圖案以雲、雷、龍、鳳紋爲主，飄逸輕快，富於變化，看似隨心所欲，實則自有章法。繪畫的內容涉及現實生活、神話傳說以至飛禽走獸。湖北江陵包山楚墓出土的彩繪漆奩，描繪的是楚國貴族出行的場面，奩蓋上共繪有二十六個人、四乘車、十四匹馬、五棵樹、一頭豬、二條狗、九隻雁，畫面以黑漆爲地，先用單線勾勒出輪廓，再平塗顏色。整幅圖畫構思精妙，佈局疏密有致，生動傳神，是春

秋戰國漆器中的傑作。

春秋戰國的漆器業空前繁榮，爲以後漆器工藝的發展起到重要的推動作用。漢代以後，中國的漆器和髹漆工藝先後流傳到亞洲各國，後經波斯人、阿拉伯人和中亞人傳到西方世界。正如瓷器那樣，世界各國的漆器製造，也受益於中國古人的發明創造。

虎座鳥架鼓：木胎。鼓懸掛於雙鳥之間，用絲繩連接鼓銅環並繫於烏冠之上。鼓皮面已朽，鼓框上的竹梢釘尚存。通體髹黑漆，並以朱，黃漆彩繪花紋。

國家圖書館出版品預行編目(CIP)資料

英雄輩出的時代 / 徐楓、牛貫杰主編. -- 第一版. -- 臺北市 : 風格司藝術創作坊出版 : 紅螞蟻圖書發行, 2013.12

208面 ; 17×23公分

ISBN 978-986-6330-49-0 (平裝)

1.春秋戰國時代

621.6　　102025075

歷史群像 02 **英雄輩出的時代**

發 行 人／謝俊龍

主　　編／徐楓、牛貫杰

編　　輯／苗龍

出　　版／風格司藝術創作坊

Tel：（02）2364-0872　Fax：（02）2364-0873

臺北市大安區安居街118巷17號

發　　行／紅螞蟻圖書有限公司

Tel：（02）2795-3656　Fax：（02）2795-4100

地址：台北市內湖區舊宗路二段121巷19號

出版日期／2013年12月　初版第一刷

定　　價／280元